존엄하게 산다는 것

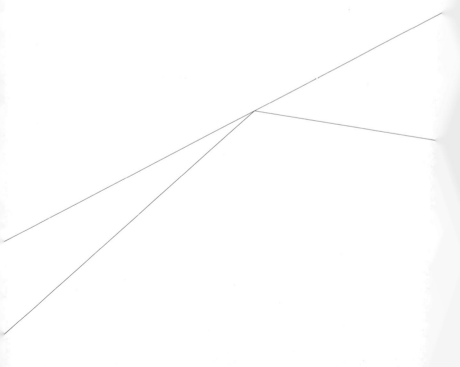

존엄하게 산다는 것

게랄트 휘터 지음 | 박여명 옮김

ſNFLUENTIAL
인 플 루 엔 셜

일러두기

이 책의 각주는 독자의 이해를 돕기 위해 덧붙인 옮긴이의 주입니다.

당신의 죽음이 존엄하길 원한다면
먼저 삶이 존엄해야 하지 않겠는가

"자신의 존엄성을 인식하게 된 인간은 결코 현혹되지 않는
다." 독일의 저명한 뇌과학자 게랄트 휘터는 21세기의 복잡
한 세계를 살아갈 수 있는 나침반으로 '존엄'을 제시한다. 사
람들은 오늘날 인간 존엄의 불가침성을 당연하게 받아들이
지만, 문제는 그렇게 간단하지 않다. 사람들은 품위 있는 존
엄한 죽음은 말하면서도 존엄한 삶을 이야기하지는 않는다.
이 역설적 현상을 거꾸로 파고들어 존엄을 '삶의 방식'으로
제안하는 휘터의 관점은 매우 독창적이다.

"우리는 어떻게 존엄하게 살 수 있는가?" 이 물음에 대한 대답을 통해 이 책은 존엄을 법적 권리로서가 아니라 삶의 양식으로 제시한다. 한 개인이 살아가면서 다양한 외부의 유혹에 맞서 자신의 삶을 지킬 수 있는 내면의 나침반으로 작용하는 것이 바로 존엄이다. 사회와 다른 사람이 원하는 대로 살기를 거부하고 '나는 이러이러한 사람이 되고 싶다'는 자기성찰이 존엄한 삶을 실현한다는 것이다.

이 책의 강점은 뇌과학의 인식으로부터 출발하여 존엄의 문제를 다루고 있다는 점이다. 뇌의 신경망이 삶의 중요한 의미를 찾는 과정에서 발견한 해결책들을 기반으로 끊임없이 구성되고 재조직된다면, 존엄은 우리에게 중요한 것이 무엇인가를 성찰하는 과정에서 형성된다. 과학과 기술이 지배하는 시대에도 우리를 인간답게 만들어주는 것이 무엇인지에 대한 깊은 이해가 중요한 이유이다. 존엄이라는 간단하지만 중요한 주제를 놓고 인문학과 과학이 소통할 수 있음을 보여준 소중한 책이다.

이진우 (포스텍 인문사회학부 교수)

차례

프롤로그

이 책은 어떻게 하면 성공할 수 있는지를 다루는 책이 아니다. 보다 빨리, 보다 나은 삶을 살 수 있는 일곱 가지 비밀이나 여덟 가지 공식을 알려주는 책도 아니다. 매사에 더 효율적인 방법을 고민하고, 성공을 위해 발버둥치는 것이 인생의 목표인 것처럼 각인된 시대, 그런 시대에 부합하는 책도 아니다. 어떤 이들은 이렇게 되물을 것이다. 인생이란 결국 돈과 권력에 달려 있으며, 개인이 자기 이익을 추구하는 것은 당연한 것 아니냐고. 만일 당신이 이와 같은 사고방식으로 살고 있다면 이 책을 읽어봤자 머릿속만 혼란스러워질 것이다. 나 자신이 존엄한 존재라는 사실을 인지하고 의식하는 일은 타인의 인정을 받기 위해 애쓰며 성공만을 욕망하는 마음과 양립하기 어렵다. 이 책이 다루고 있는 것은 바로 그 '존엄'의 문제다.

이 책은 이런 질문에서 시작한다. 인간을 인간답게 하는 것은 무엇인가. 우리는 어떤 방향을 향해 나아갈 것인가. 어떤 생각을 하고, 말하고, 행동할 것인가. 지금까지 이렇게 살아왔으니까 앞으로도 이렇게 살 것인가. 아니면 우리를 인간답게 해줄, 우리를 성장하게 해줄 다른 삶의 방향을 선택할 것인가.

지식의 양이 증가하는 속도는 점점 더 빨라지고 있다. 그야말로 지식 폭발의 시대다. 하지만 그 수많은 지식도 이 중요한 질문에 대한 답을 찾는 데 도움이 되지는 못한다. 사실 모든 지식이 인간의 행동에 직접적인 영향을 미치는 것은 아니다. 단순히 타인에 의해 주입된 지식이 아니라 스스로 선별하여 받아들인 지식이라 해도 그 영향력은 미미할 수 있다. 이는 자신을 돌아보면 금방 알 수 있다. 우리가 아는 것들 가운데 건강을 지키고 행복하게 살아가며, 가진 재능과 능력을 발휘하는 데 실제 활용되는 지식은 별로 많지 않다는 사실을 말이다. 그 사실을 '인지하는 것'과 그로 인해 '마음이 움직이는 것'은 전혀 다른 일이기 때문이다. 마음이 움직이지 않는데 행동의 변화가 일어날리 만무하다.

반면 단순히 아는 것, 인지하는 것을 넘어 정말로 '이해'하기 시작했다면 이야기는 달라진다. 우리가 진정으로 이해한 지식이나 깨달은 사실은 두뇌의 감정적인 영역을 활성화시켜 우리를 깨우고 움직인다. 당신이 어느 날 갑자기 인생에서 가장 중요한 것이 무엇인지를 이해하고 깨달았다면, 그 순간 이후로 당신은 결코 이전에 살아왔던 방식대로 살지 못한다.

'무엇이 인간을 존엄하게 하는가?'라는 질문을 다루고 있는 책들은 이미 많다. 그러나 이 책은 우리를 인간답게 하는 가치, 존엄을 어떻게 우리 삶에 되살릴 것인가에 대해 이야기한다. 더불어 우리 한 사람 한 사람이 전혀 인식하지도 못한 사이 존엄을 잃게 만들고 마는 우리 삶의 환경에 대해 깊이 이해할 수 있도록 도울 것이다.

아직도 이 책을 읽어 내려갈 마음이 남아 있다면, 당신도 이 책을 통해 곧 되찾게 될 것이다. 당신의 존엄에 대한 감각과 인식을.

인간의 뇌는 항상 방법을 찾는다

타인과의 공존이 어려워질수록, 이해할 수 없는 세상의 일들이 많아질수록, 개인의 힘만으로는 변화를 일으키기가 힘들수록, 한 사회의 불안감은 커지기 마련이다. 불안의 시대, 방향을 잃고 의지할 곳을 찾아 헤매는 이들이 갈수록 늘고 있다. 시대가 어렵다 보니, 인생은 이렇게 살아야 한다고 무언가 아는 체를 하며 목소리를 높이는 사람이 등장하기라도 하면 언제든 믿고 따를 모양새다. 이는 곧 한 사회가 변화하는 과정에서 나타나는 보편적 불안감의 현상이다. 이럴 때 나타나는 것이 노련한 데마고그Demagogue•다. 간편한 해결책을 통해 나아갈 방향을 제시하며, 자신을 지도자로 선택하도록 사람들을 선동하는 것이다. 이를 과학 용어로는 '단순화Reduction of Complexity'라고 한다.

새로운 지도자에게 권력을 이양하는 것은 집단생활을 하는 동물들이 복잡성 감소, 즉 단순화를 위해 사용해온 전략이다. 이는 반발하는 무리들에 대항하여 질서를 바로잡기 위해 사용하는 방법이기도 하다. 그런데 인간은 양 무리나 물

• 대중에게 과대한 공약을 내세운 선동으로 권력을 획득·유지·강화하는 정치가. 아돌프 히틀러가 선동 정치가의 전형적 인물이다.

소 떼와는 비교도 할 수 없는 다양한 단순화 전략을 가지고 있다. 위험한 상황에 처하면 타조가 모래에 머리를 파묻듯, 아무 일도 없던 것처럼 회피하기도 한다. 물론 타조처럼 들키지는 않는다. 소파에 앉아 TV를 본다든지, 쇼핑을 한다든지, 인터넷 서핑을 한다든지, 열광하는 축구팀의 홈경기를 응원한다든지 하는 방식으로 모른 척 하고, 회피하며, 의식적으로 다른 일에 열광하고 몰두하기 때문이다. 시대가 바뀌면서 최근에는 가상세계 속으로 잠수를 하기도 한다. 이 모든 것이 바로 어려운 상황에 처했을 때 우리의 삶을 단순하고, 통제 가능하게 만들기 위해 인간이 사용하는 방법들이다. 사람들은 때로 인생의 자잘하고 복잡한 문제들을 대신 처리해줄 사람을 두면 내 인생을 보다 쉽게 관리하고 통제하며 단순화할 수 있을 것이라고 믿는다. 그리고 더 큰 영향력을 발휘할 수 있는 자리에 올라 더 많은 돈을 벌기 위해 안간힘을 쓴다. 이런 노력들 역시 우리가 사용하는 단순화 전략에 해당한다.

이처럼 인간은 동물과 달리 문제를 단순화하는 능력이 훨씬 다양하고 고차원적이다. 우리가 인지하고 처리해야 할 세상 모든 일에 유연하게 열려 있으면서, 동시에 어느 정도 질서가 잡혀 있어야만 제대로 작동할 수 있는 인간 뇌의 특성 때문이다. 이 단순화의 특성은 두뇌의 순기능을 위한 결정적인 전제 조건이다. 하지만 인간이 찾아낸 해결책이 모두 장기적인 생명력을 가질 수 있는 것은 아니다. 새로운 지도자에게 권력을 이양하거나, 문제를 외면하고, 가상세계로 잠수를 타며, 권력과 영향력과 부를 얻기 위해 노력하는 것만으로는 인간 사회의 문제가 근본적으로 해결되지 않기 때문이다. 아니, 오히려 그 반대다. 노력을 하면 할수록, 사람들은 계속해서 장애를 만날 것이고 그때마다 문제는 더 복잡해질 것이다.

인간의 두뇌가 제 아무리 최고의 성능을 가지고 있다 할지라도, 인간의 두뇌는 혼란이 가중될수록 이를 감당하는 데 어려움을 느낀다. 혼란 상태의 뇌는 평소보다 많은 양의 에너지를 소비하게 된다. 사실 뇌는 휴식 상태에 있을 때도, 그러니까 아무런 생각 없이 엎드려 누워 있을 때조차 인체가 저장하고 있는 제1에너지원인 포도당의 약 20퍼센트를 소비하고 있다. 그렇기 때문에 눈을 뜨고 생각을 시작하거나 어떤 문제라도 발생하면 에너지 소비량도 급증하게 되는 것이다. 심지어 해결할 방법이 없는 문제들이 산적해 있는 경우라면, 이미 뇌에 자리 잡혀 있던 질서까지 쉽게 무너지고 만다. 이렇게 모든 것이 뒤엉켜버린 우리의 뇌는 엄청난 양의 에너지를 소비하게 되고, 실제로 우리 몸에서 이상 신호를 감지하는 지경에까지 이른다. 그때부터 우리의 뇌는 혼란을 줄이고, 과도한 에너지 소비를 정상화할 방법을 찾게 된다. 바로 뇌에 질서를 부여하는 것이다.

사고 체계에 질서를 되찾는 노력은 그 자체로 단순화를 위한 작업이다. 이를 설명해주는 것이 바로 물리학의 열역학 제2법칙이다. 4장에서 소개할 이 법칙은 허용하는 운동이 많지 않다. 복잡한 구조를 유지하기 위해 필요한 에너지를 최소화하거나, 이전의 구조를 단일 성분으로 분열시키는 것이다. 이러한 과정을 거쳐 그 안에 있던 에너지는 다시 고립계에 일정하게 유지된다는 법칙이다. 인간의 뇌는 이 열역학 제2법칙을 피해갈 수 없으며, 이런 개인이 모여 이룬 사회는 더욱 더 그렇다.

그렇다면 인간 사회 내부의 질서와 구조를 유지하기 위해 필요한 에너지를 일시적이 아닌, 장기적으로 최소화할 수 있는 방법은 무엇일까. 인간은 아직 그 답을 찾지 못했다. 역사를 돌이켜보면, 인류는 이 근본적인 문제에 대한 답을 찾기 위해 끊임없이 노력해왔음을 알 수 있다. 하지만 수천 번 시도해도 수천 번 다 실패했고, 역사는 반복되었다. 그리고 그 실패로 말미암아 오히려 에너지 소비량은 지속적으로 증가했다.

오늘날, 한 개인의 에너지 자원 평균 소비량은 사상 최고치를 기록하고 있다. 지난 10년간 인간의 뇌와 사회를 지배하는 혼란은 그 어느 때보다도 빠른 속도로 증가했다. 더 이상 이렇게 에너지를 소모해서는 안 된다는 데에 많은 사람이 동의하고는 있지만, 생산적인 해결책은 나오지 않은 것이 현실이다. 지금껏 해왔던 것처럼, 지도자를 바꾸는 것만으로 해결될 문제는 아닌 듯 보인다.

수많은 사람이 저마다 고안해낸 해결책을 다른 사람들에게 설득해왔다. 누군가는 양심에 호소했고, 가치와 규범을 외쳤으며, 압력을 행사기도, 법을 만들고 규칙을 정하기도 했다. 하지만 그 무엇도 소용이 없었다. 물론 달라진 것도 없다. 인류는 그저 위기에서 또 다른 위기에 직면했을 뿐, 계속해서 더 많은 에너지를 소비하고 지구의 한정된 자원을 남용하고 있다. 인류 스스로가 만들어낸 이 무질서 속에서 허우적대면서, 지구를 떠나 화성으로 이주할 준비나 하고 있는 것이다.

인간다움을 되찾아가는 여정

어쩐지 우리는 방향을 잃은 듯하다. 물론 인간은 뇌 구조의 특성상 필연적으로 길을 잃게 되어 있다. 다른 동물과 달리 인간의 뇌는 생각과 감정, 행동을 이끌어내는 뉴런의 연결 패턴이 정해져 있지 않기 때문이다. 모든 인간에게는 한 개인으로서 인생에서 가장 중요한 것이 무엇인지를 배우는 과정이 필요하다. 개인적인 경험을 통해 형성되고 뇌에 뿌리를 내린 뉴런의 연결 패턴을 토대로, 우리는 어떤 결정을 내리거나 특정 행동을 하거나 우리의 태도를 통제할 때 방향을 잡게 된다. 이처럼 살아가면서 형성되는 각각의 연결 패턴들은 한 사람의 인생을 만들어가는 데 매우 중요한 역할을 할 수밖에 없다.

뉴런의 연결 패턴이 형성되는 과정에는 한 사람이 관계를 맺고 있는 유의미한 상대가 매우 중요한 영향을 미친다. 그중에는 각자의 인생과 타인과의 공존, 그 안에서 주어지는 요구들에 응하는 과정에서 형성되는 패턴도 있다. 개인이 처해 있는 사회적, 문화적, 경제적 조건에 적응하는 과정에서 패턴이 발전하기도 한다. 자기 자신의 모습을 지키기 위해 만들어내는 패턴도 있다. 이는 외부로부터 주어지는 여러

내가 당신과 함께 찾고 싶은 것은 일종의 내면의 나침반이다.
밀려드는 요구로부터
본래 자신의 모습을 지켜줄 나침반.

요구나 필요 속에서 자신을 잃지 않기 위해 형성되는 패턴이다. 그리고 이 책은 바로 그 특별한 패턴과 가치, 태도와 신념에 대해 다루고 있다.

그러니까, 이 책을 통해 내가 당신과 함께 찾고 싶은 것은 일종의 내면의 나침반이라고 할 수 있다. 한 개인이 살아가면서 형성하게 되는 내면의 나침반. 외부로부터 주어지고, 밀려드는 여러 요구로부터 자신을 잃지 않도록 도와줄 나침반. 다른 사람에 의해 경험하게 되는 수많은 유혹과 약속으로부터, 인생에는 이러이러한 것이 있어야 하며 꼭 필요한 것이라고, 다른 사람들과 마찬가지로 자신도 그렇게 살아야 한다고 여기는 태도로부터 본래 자신의 모습을 지켜줄 나침반.

외부에서 주어지는 각종 유혹과 약속, 인생을 살면서 꼭 있어야 한다고 여겨지는 모든 것에 용기를 내어 저항하기 위해서는, 그것을 위해 가용할 만한 힘이 있어야 한다. 그 모든 것에도 불구하고 자신을 깨어 있게 하며, 세상이 말하는 그 모든 유혹과 약속, 상품들보다 더 강인하고 확고하게 뿌리를 내릴 내면의 힘. 바로 이것이 내가 당신과 함께 찾으려 하는 내면의 나침반이다.

신경생물학적 측면에서 보자면, 이것은 결국 '내적 표상'

을 다루는 문제다. 다시 말해 유혹받는 상황에서 활성화되는, 나라는 정체성과 긴밀하게 얽혀 있는 뉴런의 연결 패턴에 관한 문제인 것이다. 결국 이는 '나는 이러이러한 사람이 되고 싶다'는 내적 표상이라고 할 수 있다. 일관된 방향을 제시하여 우리 뇌를 무질서의 상태로부터 지켜주고, 그것을 통해 장기적으로 에너지 소비량을 줄여주는 표상. 바로 그 표상을 일컫는 단어가 있다. 우리 사회가 이미 오래 전 잊은 듯 보이지만 여전히 아름다운 그 단어. 바로, 존엄이다.

존엄은 내면에 확신으로 깊게 뿌리 박혀 한 사람에게 인간으로서의 특성을 부여하며 그 고유의 인간됨이 행동으로 표출되도록 만드는 관념이다. 지난 시대 철학자들부터 현대에 들어서는 정신과학 분야를 대표하는 이들까지, 많은 사람이 존엄에 대한 정의를 내리기 위해 노력해왔다. 그만큼 존엄이 인간다움이란 무엇인가를 밝히는 데 매우 중요한 의미를 지닌 개념이었기 때문이다.

나는 이 책을 통해 존엄의 정의를 자연과학적인 시각에서 조명하고자 한다. 이를 위해 비교적 최근의 뇌 연구와 발달 심리학, 복잡성 과학을 참고했다.

이 책의 핵심 명제는 이렇다. "자신의 존엄성을 인식하게 된 인간은 결코 현혹되지 않는다." 현대의 여러 국민국가가 인간의 존엄성을 헌법의 불가침 조항으로써 보호하고 있다. 인간의 존엄성은 침해될 수 없으며, 태어나는 순간부터 죽는 날까지 인간이 가지고 있는, 모두에게 주어지는 권리라고 여긴 것이다.

물론 동의하는 바이다. 하지만 자연과학의 관점에서 보면 한 인간이 자신의 존엄성을 인식하고 하지 못하고의 여부가 과연 개인과 사회에 어떤 영향을 주고 또 어떤 의미가 있는지를 풀어가는 것이 중요한 과제가 된다. 한 인간이 마침내 자신의 존엄성을 인식하게 되기까지, 근본적으로 어떤 경험을 해야 하는지도 자연과학적 관점에서 중요한 문제다.

여기에서부터 또 다른 질문이 이어진다. 한 인간이 자기 존엄성을 인식하게 된다는 것은 어떤 의미인가. 이는 한 인간의 생각과 감정, 행동에 어떤 영향을 끼치는가. 존엄성을 인식하게 된 인간이 더 이상 과거와 같은 태도와 행동을 보이지 않는 이유는 무엇일까.

하지만 무엇보다 궁금한 것은, 존엄성을 인식하게 된 인간이 과연 타인의 존엄성에 대해서는 어떤 태도를 갖게 되느냐는 질문에 대한 답이다. 아니, 질문을 좀 더 정확하게 표현하자면 이렇다. "타인의 존엄을 해치는 것은 결국 자신의 존엄을 해치는 것이 아닐까?"

아주 흥미로운 질문이 아닐 수 없다. 나는 이 책에서 그동안 내가 마주한 답들을 최대한 많은 독자가 이해할 수 있도록 설명하려고 노력했다. 물론 이 책의 내용은 나라는 개인이 가지고 있는 한정적인 지식과 경험에 기반을 두고 있는 것이다. 하지만 이 책의 주제에 관해 각자가 가진 지식과 경험을 공유하는 사람이 많아질 때, 언젠가 모두에게 적용할 수 있는 답을 찾고, 해결책을 모색할 수 있으리라고 나는 믿는다.

그렇게 된다면 이 책이 인간의 공존과 존엄한 인간이 가진 책임을 재발견하는 축복의 장이 될 수 있을 것이다.

1장
잃어버린 존엄을 생각하다

"인류는 제 힘에 취해서 제 자신은 물론
이 세상을 파괴하는 실험으로 한 발씩 더 나아가고 있다."
― 레이첼 카슨

잃어버린 기억들

존엄하지 않은 삶이란 무엇일까? 내가 존엄하지 않은 태도에 관심을 갖게 된 이유는 매우 단순했다. 남들과는 조금 다른 몇몇 사람을 만날 기회가 있었기 때문이다. 그들이 타인을 대하는 방식이나 더 나아가 생명을 대하는 방식을 통해 나는 존엄하게 산다는 것이 무엇인지를 생각하게 되었다.

그 첫 번째 만남을 아직도 생생하게 기억한다. 열한 살, 혹은 열두 살 즈음이었던 것 같다. 늘 그렇듯 나는 친구 녀석들과 함께 학교 수업을 마치고 숲으로 향하고 있었다. 우리는 당시 정처 없이 이곳저곳을 마음 내키는 대로 돌아다니며 '방랑'에 빠져 있었다. 나무를 타고, 사과 서리를 하고, 올챙이를 잡고……. 스마트폰이 없던 시절 우리 세대가 했던 일들을 하면서 말이다. 우리는 그야말로 모험심이 강한 소년들이었다. 저녁이 되면 부모님은 우리가 한 명도 빠짐없이 무사히 집으로 돌아와 침대에 눕는 것을 확인해야만 비로소 안도의 기쁨을 누리실 수가 있었다. 물론 부모님들과 달리, 오후 내내 무엇을 했는지 묻는 사람이 없는 것이 우리의 기쁨이었지만.

그렇게 방랑을 즐기던 어느 날, 우리는 길을 잃은 한 노신사를 만났다. 이제와 하는 이야기지만, 그 젠틀한 신사는 희고 덥수룩한 턱수염이 마치 콘라트 로렌츠Konrad Lorenz(평생 거위의 생태를 연구한 오스트리아의 저명한 동물심리학자)를 연상시킬 정도였다. 특이하게도 노신사의 어깨에는 가죽 끈이 달린 철통이 걸려 있었는데, 이는 수집한 식물을 넣는 식물 채집통이었다. "얘들아" 노신사가 물었다. "여기서 가까운 버스 정류장이 어디인지 아니?"

내가 자란 곳은 독일 중부의 튀링겐 주에 있는 작은 마을 엠레벤Emleben이라는 곳이다. 작은 시내가 졸졸거리며 흐르는 그 마을에서 나의 할아버지는 물레방앗간을 운영하셨다. 엠레벤은 무척 작은 마을이지만 그렇다고 노신사에게 길을 일러주는 일은 결코 쉽지가 않았다. "오른쪽으로 가서, 왼쪽으로, 그 다음에 다시 꺾어서……." 숲을 빠져나가는 길이 상당히 복잡했으니까. 우리는 차라리 버스정류장까지 함께 가주겠다고 했다. "그럼, 가자."

노신사와 함께 걷는 동안 우리에게는 일종의 계시와도 같은 일이 일어났다. 눈앞에 새로운 세상이 펼쳐진 것이다. 나는 숲의 지리를 어느 정도 파악하고 있었고, 나무 몇 개는 이름도 잘 알고 있었다. 푹신한 담녹색의 이끼나 가을의 낙엽을 밟으며 달리는 것을 얼마나 좋아했는지 모른다. 하지만 이 신사는 도통 똑바로 걸어가지를 않았다. 신사는 마치 비밀을 꺼내어 보내주기라도 하려는 듯, 길 가장자리에 자란 잡초들까지 일일이 가리키며 이렇게 말했다.

"이것 좀 봐라, 애들아. 가는동자꽃이라는 거란다. 5월과 6월에 피지. 그리고 저기, 수풀에서 울새가 노래하는 모습을 보렴. 조금 더 뒤에 있는 건 솔새라고 해. 구분할 수 있겠니?"

우리는 신사의 말에 주의 깊게 귀를 기울이며 그의 설명을 따라가려 애썼다. 그 순간, 우리는 미지의 세계를 탐구하는 탐험가라도 된 듯한 기분에 사로잡혔다. 그것은 우리가 여태까지 해온 방랑보다 한 차원 높은 경험이었다. 집에서 그리 멀지 않은 곳에서 우리가 꿈꾸던 탐험을 하게 된 것이다.

우리의 탐험은 그렇게 계속되었다. 여기 이것은 미나리아재비, 저기 저것은 향이 강한 곰마늘……. 점점 신사의 설명에 빠져들었다. 숲길은 너무나도 아름다웠고, 그는 나긋나긋한 목소리로 이름을 부르기 전엔 아무것도 아니었을 모든 것에서 감동을 이끌어냈다. 생각해보면, 이 모든 것이 특별하게 느껴진 이유는 신사의 설명 덕분이었다. 지금까지 내게 인생을 가르쳐주었던 다른 어른들과의 그것과 달랐으니까. 대체 무엇이 달랐을까? 다른 어른들 역시 그 동식물에 대해 충분한 설명을 해주었다. 다만 그들은 주로 그것이 어디에,

어떻게 사용되는지에 대해서 이야기하곤 했다. 돼지는 도축을 하는 동물이고, 당근은 먹을 수 있는 것이며, 이 잡초는 농사에 방해되니 뽑아야 한다. 이런 식의 설명들이었다.

하지만 이 신사는 달랐다. 그는 똑같은 동식물을 가리키며 우리가 보고 듣는 이 모든 존재가 얼마나 아름다운지, 단지 그 아름다움만을 강조했던 것이다. 우리가 눈을 커다랗게 뜨고 더 집중해서 귀를 기울일수록 신사는 더 흥이 올랐다. 이제와 생각하면 그의 설명은 《성경》〈마태복음〉6장 구절과 조금은 비슷하다.

목숨이 음식보다 중하지 아니하며 몸이 의복보다 중하지 아니하냐 공중의 새를 보라 심지도 않고 거두지도 않고 창고에 모아들이지도 아니하되…….

그 후, 내 인생은 조금 달라졌다. 그 작은 머릿속에서는 그날 느낀 인생의 아름다움에 대한 생각이 떠나지를 않았다. 나는 여전히 밖에 나가는 것을 즐긴다. 태양이 내리쬐는 날이면 여름이든 봄이든 가리지 않고 자연으로 나간다. 그렇게 걷고, 돌아다니고, 보고, 감탄한다.

더 이상 벌레 소리는 들리지 않고

친구들과 함께 숲에서 그 노신사를 만난 지도 벌써 50년이
지났다. 나는 대학에서 생물학을 전공했고, 이후 신경생물학
자가 되었다. 인간의 신경계가 어떻게 기능하는지, 우리 뇌
에는 어떤 일들이 일어나고 있는지 알고 싶었기 때문이었다.
인간의 삶, 인생이라는 마법과 세상의 아름다움은 여전히 나
의 큰 관심사다.

　그간 읽은 수많은 책 가운데, 특별히 내 마음에 남는 책을
고르라면 바로 미국 출신의 생물학자 레이첼 카슨Rachel Carson
의 《침묵의 봄Silent Spring》이다. 카슨은 1962년, 이 책을 통해
인간이 그토록 사랑하는 것들이 정작 인간의 손에 무참히 파
괴되고 있음을 우리 눈앞에 적나라하게 드러냈다. DDT(디
클로로 디페닐 트리클로로에탄)라는 살충제 사용이 지구의 생
명을 파괴하고 있는 현실을 고발한 것이다. 1960년대만 해
도 전 세계가 경제 성장을 향한 무분별한 개발에 뛰어들었
고, 그로 인해 무엇이 희생되고 있는지에 대해서는 모두가
무관심했다.

　우리가 외면하는 사이 봄의 시작을 알리는 소리가 사라지
고 있었다. 곳곳에서 새들의 노랫소리나 왱왱, 윙윙거리며 겨

울잠에서 깨어나는 벌레들이 사라지고 있었음에도 이를 알아차린 사람은 없었다. 그렇기 때문에 당시 카슨의 믿기 힘든 주장에 사람들은 할 말을 잃었고 큰 충격을 받았다. 그중에는 자리를 떨치고 일어나 탐욕스러운 기업과 이에 부역하는 경제학자들을 상대로 투쟁에 나서, 세계적 규모의 환경운동을 일으키기도 했다. 의식 있는 시민들은 바다 깊은 곳에 가라앉은 쓰레기와 산림을 병들게 한 산성비를 막기 위해 환경단체를 발족했고, 유럽 각국에는 녹색당이 창설되어 국회에 입성하기 이르렀다.

각종 환경단체와 시민들이 요구한 것은 오직 한 가지, 지구를 살리는 것이었다. 생명과 그 아름다움을 무분별하게 파괴하고 있는 현실을 가만히 손을 놓고 앉아 목도하고만 있어서는 안 된다고 생각한 것이다. 이들의 행동에는 힘이 있었고, 이들의 참여는 영향력을 발휘했다. 물론 이들은 성과를 축하하기도, 쓰디쓴 좌절에 아파하기도 했다. 그 기나긴 싸움 끝에 DDT의 사용이 금지된 지도 벌써 30년이 지났다. 하지만 이 살충제는 오늘날까지 남아 지구를 죽이고 있다. 과거에 땅과 바다에 스며든 DDT로 인해 벌레들은 계속해서 사라져가고 있다. 그 벌레를 먹은 새들까지도 말이다.

수많은 환경단체의 투쟁으로부터 수십 년이 지난 오늘, 나

바람이 살랑거리고 햇살이 비추는 더할 나위 없이 좋은 날,
하지만 보리수에서 윙윙거리던 벌떼의 소리는 사라지고 없었다.

는 괴팅겐Göttingen 인근 어느 시골 정원에 앉아 왜 이렇게 고요한지를 스스로에게 되물었다. 바람이 살랑거리고 햇살이 비추는 더할 나위 없이 좋은 날. 나는 부족한 것 없이 잘 지냈고, 그 순간을 즐기고 있었다. 그런데도 불안했다. 들려야 할 소리가 들리지 않았기 때문이다. 보리수에서 윙윙거리던 벌떼의 소리가 없었다. 보리수의 나뭇잎은 언제나처럼 달콤한 향기를 내뿜고 있지만 벌은 더 이상 없었다. 2017년 마지막 남은 양봉업자마저 일을 접으면서 괴팅겐 지역의 양봉업도 끝이 났다. 과거에 내가 그토록 사랑한 소리들은 어디로 갔을까? 개발로 인해 드넓은 벌판의 유채와 각종 과수의 꽃들이 사라진 이후로 벌들은 꿀을 먹을 꽃을 찾을 수 없었다. 한 여름이면 양봉업자들은 배를 곯고 있는 벌들에게 설탕물을 먹여야만 했다. 원래대로라면 가장 풍요로웠을 계절이었다. 그렇게 가까스로 여름을 보냈지만, 벌들은 끝내 겨울을 견디지 못하고 말았다.

호박벌을 비롯한 다른 곤충들도 대부분의 지역에서 자취를 감췄다. 파종한 것들만 자라게 하겠다며 농사꾼들이 제밭에 성실히도 제초제를 살포한 덕분이다. 밀밭에는 갈퀴덩굴 하나 없다. 수레국화도, 개양귀비도, 심지어 순무 밭에서도 엉겅퀴를 찾을 수가 없다. 잡초가 자랄 법한 경작지 가장 자리에도 보이는 것이라고는 군데군데 자라난 쐐기풀뿐이다. 이런 풍경은 멀리서 바라보면 참 아름답다. 마치 그림책처럼 말끔하게 정돈되어 있는 풍경이니까.

인류가 위기에 처해 있다는 데 반론의 여지는 별로 없을 것이다. 1960년대 초만 해도 환경운동가들은 인류가 필요로 하는 생태자원 가운데 지구상에 남아 있는 양이 고작 3분의 2에 불과하다고 경고했다. 그러나 지금 이 상태라면 생태자원은 모두 소진되어 2030년에 이르면 인류의 식량과 그에 필요한 자원의 수요를 감당하는 데에만 두 개의 지구가 필요하게 될 것이라고 한다. 그마저도 2050년에는 세 개의 지구로 늘어날 것이라고 한다.

이러한 위기 속에서 환경단체들은 국제사회가 이 심각성을 공감할 수 있도록 매년 '지구 생태용량 초과의 날Earth Overshoot Day'을 선포하고 있다. 이는 지구가 한 해 동안 재생할 수 있는 생태자원을 모두 써버린 날을 뜻하며, 이 날을 기점으로 지구가 생태적 적자 상태에 들어간다는 것을 의미한다. 그리고 이 생태용량 초과의 날은 해가 갈수록 빨리 찾아오고 있다. 2년 전 지구 생태용량 초과의 날은 8월 13일이었고, 1년 뒤에는 이로부터 11일이나 앞당겨졌다.

나는 지금, 녹색 옷을 입은 괴팅겐의 드넓은 산업 지역과 그것의 반反생명적 일관성의 한 가운데에 앉아 있다. 한 가지 의문이 생긴다. 1960년대 이후 그 많던 환경운동가들의 투쟁은 어떤 결과를 가져왔을까? 그래서 우리에게 돌아온 것은 무엇인가? 생물들의 다양성을 보존하기 위해 수많은 단체와 정당들이 시도한 프로그램들은, 지속가능한 발전을 논하던 그 많은 기구들은, 환경보호 및 기후변화 방지를 위한 컨퍼런스들은, 관련 법규 제정을 위해 출범한 국제단체들은, 자연보호와 생물 다양성을 주제로 셀 수 없이 쏟아지던 책들과 기고들은 과연 무엇을 변화시켰을까?

양봉업자들은 벌이 멸종하면 머지않아 인류도 멸망할 것이라고 말한다. 벌은 돼지 다음으로 인류에게 유용한 동물이다. 벌이 사라지면 꿀을 얻을 수 없을 뿐더러, 대부분의 식물들은 벌을 통해 수정하기 때문이다. 50년 전만 해도 내가 사는 지역의 봄이 이토록 조용했던 적은 없었다. 사실 20년 전만 해도 그랬다. 너무나도 뼈아픈 현실이지만 우리는 여기서 한 가지 사실을 인정할 수밖에 없다. 결국 환경보호를 위한 이 모든 운동은 아무런 성과를 내지 못한 것이다. 최소한, 효율성과 경제성과 이윤을 목표로 달려가는 농업으로 인한 파괴적인 결과를 막는 데는 성공하지 못했다. 그렇게 의욕이 넘쳐나던 환경운동가들이 최근 상당한 좌절감에 빠져 있는 것도 어쩌면 당연한 일인지 모른다.

반면 세계 경제는 더 활기차게 움직이고 있다. 독일 역시 몇 년 전부터는 경제 성장 전망치를 상향 조정했다. 하지만 지구촌 곳곳에서 극심한 가난에 시달리고 있는 이들은 여전히 수억 명에 달한다. 이들은 이따금 손에 쥐어지는 2달러가 채 되지 않는 돈으로 하루하루 연명한다. 전 세계 어린이의 절반 이상은 이처럼 수준 이하의 조건에서 자라나고 있다. 세계에서 부유한 국가 중 하나로 손꼽히는 독일도 예외는 아니다. 독일 국민 열 명 중 한 명은 국가의 도움으로 최저 생계비 수준의 지원비를 받아 생활하고 있다.

하지만 다른 한편에서는 무슨 일이 벌어지고 있는가? 각 기업은 최대한 빨리, 최대한 많은 이익을 올리는 것을 경영의 당연한 목표로 여긴다. 이들은 '윤리 경영'이라는 그럴듯한 슬로건과는 대조적으로 기업의 이익을 위해서라면 그 어떤 행동도 망설이지 않는다. 이익 창출을 위해서라면 타인을 기만할 수도 있다고 생각하는 이들은 갖가지 추문들과 함께 도처에 널려 있다.

무엇보다 우려되는 것은 생물의학 분야에서 들려오는 소식들이다. 지난 몇억 년간 자연의 질서를 따라왔던 생명체의 진화가 단 몇십 년의 의학 발전으로 말미암아 믿을 수 없는 단계에 이르렀기 때문이다. 새로운 생명체들이 어미가 아닌 연구소의 실험실에서 태어나게 된 것이다. 한국에서는 반려동물 복제를 시도하고 있다는 소식이 들려오고, 러시아는 멸종된 매머드의 부활을 꿈꾸며 시베리아에서 얼어붙은 매머드를 찾아 게놈 해독을 시도하는 중이라고 한다. 미국에는 네안데르탈인의 유전자를 복원해 현대인에게 이식을 시도하는 교수도 있다.

한국의 수암바이오테크 연구원에서는 중국의 한 제조업체와 합작으로 소와 개를 복제했는데, 홈페이지에 들어가보면 '반려견이 죽으면 사체를 냉동고에 보관하지 말라'는 안내 문구를 만날 수 있다. 젖은 수건으로 반려견의 사체를 감싼 뒤, 5일 안에 이메일을 발송하고 이후 안내를 따르라는 내용이다. 그런가 하면 일본의 어떤 의학자들은 인간의 배아를 키워 성인 피부의 섬유아세포를 줄기세포로 만드는 데 성공했다. 배아줄기세포는 성관계 없는 임신과 출산을 가능하게한다. 우리는 머지않아 아버지가 셋이고 어머니가 둘인, 주문에 따라 만들어진 아기의 탄생을 맞이하게 될지도 모른다.

생물학자들은 유전학 기술을 통해 생명의 탄생 문제에서더 나아가 인류의 윤리 문제까지 건드리고 있다. 인간의 두뇌에 조작을 가해 고유한 사고 능력을 조절하려는 것이다.

이들은 한 사람의 두뇌에 입력된 정보를 추출, 복사하여 이를 다른 이의 뇌에 삽입함으로써 정보를 입력시키려는 시도를 하고 있다. 인간의 뇌에 삽입된 칩은 사랑과 미움, 신뢰, 분노와 같은 감정마저 불러일으킬 수 있다고 한다. 혹은 그 반대로 그러한 감정들을 억제할 수도 있게 된다. 우리의 생각이 뇌에 이식된 신경칩이나 배터리의 수명에 의해 좌우될 날이 코앞에 다가온 것이다.

존중받지 못하는 노동

몇천 년에 걸쳐 인간은 손으로 노동하며 살아왔다. 농사를 짓고, 실을 잣고, 빵을 반죽하면서. 그러나 오늘날은 사뭇 다르다. 우리는 하루 대부분의 시간을 모니터 화면 앞에서 보내고, 손가락은 키보드나 스마트폰을 두드릴 때나 사용한다. 운동으로 심장박동이 빨라지는 경우보다, 대부분의 기업들이 설정해놓은 '데드라인' 때문에 마음이 조급하고 불안해 맥박 수치가 올라가는 경우가 더 많다. 이는 스트레스와 우울증의 주범이 되기도 한다.

산업화 초기에 이르러 손으로 하는 노동, 수공업은 시간 싸움과 규격화의 대상으로 전락했다. 그리고 그로부터 200년 가까이 지난 지금 우리의 정신노동마저 컨베이어벨트 위에 오르고 말았다. 매 순간 어느 직원이 어떤 일을 얼마나 빨리 처리했는지를 측정하고, 정해진 규격과 세밀하게 짜인 스케줄에 따라 업무가 결정된다. 지금까지 디지털화의 타격을 가까스로 피해왔던 정신노동이 결국 알고리즘의 논리를 따르게 된 것이다.

이러한 변화는 일관적이다. 모든 것이 자동화된 오늘날 직장에서는 모니터 화면 위로 움직이는 마우스의 움직임에서부터 맥박 수치까지 사실상 모든 것을 측정하고 있으며, 과거 각각 따로 진행되던 수천 가지 업무들이 이제는 동시다발적으로, 같은 박자에 맞춰 처리되고 있다. 이를 결정하는 것은 자동 조절 장치다. 과거 인간이 했던 많은 일은 오늘날 기계가 대신하고 있다. 예를 들어 법적 문서를 검토하고 처리했던 변호사 업무의 일정 부분은 소프트웨어가 대체하고, 자산 관리도 컴퓨터가 대신하면서 자산 관리사들의 역할도 줄어들었다. 운전기사 없이도 버스가 운행되고, 드론이 전쟁의 양상을 좌우하기도 한다. 영화 속 킬러로봇의 등장은 그리 먼 미래의 일이 아니다.

이처럼 알고리즘과 디지털 숫자의 조합은 인간의 직업뿐

끊임없이 발전을 거듭하며
'최적화'하는 알고리즘 앞에
인간들은 무익한 존재가 되고 만다.

아니라 존재 가치를 완전히 뒤바꿔놓을 것이다. 사실 오늘날에도 이미 컴퓨터는 인간의 행동을 평가하고 있다. 심지어 한 사람이 공동체 안에서 오랜 경험을 통해 쌓아야 하는 신뢰도를 평가하는 데도 컴퓨터가 활용된다. 기업들은 생체 인증 같은 기술을 활용하여 통화를 할 때 목소리의 음역, 직장에서 퇴근할 때의 움직임, 구내식당으로 가는 걸음걸이, 대화 중 나타나는 속삭임이나 목소리에서 전해지는 긴장감 등을 모두 평가의 대상으로 삼는다. 한 사람에 대한 신뢰도를 이와 같은 지표로써 평가하는 것이다. 컴퓨터는 개인이 주변을 돌아보는 방식, 고개를 드는 방식, 눈을 돌리는 방식 등을 기록하고, 평가하고, 분류한다. 그러고는 표준에서 벗어난 모든 행동을 수상히 여긴다. 물론 이때 '표준'이라는 것은 숫자로 규정되어 있다.

알고리즘은 자체 수정이 가능하고, 실수를 통해 학습을 한다. 끊임없이 발전을 거듭하며 '최적화'할 수 있다. 그러나 이러한 발전 앞에 더 이상의 최적화가 불가능한 인간들은 무익한 존재가 되고 만다. 인간을 밀어내고 자리를 차지한 로봇들은 피로를 느끼지도 않고, 아프지도 않을 것이며, 먹일 필요조차 없을 것이다. 모든 것을 저장하므로 잊어버리는 것도 없다. 체계적인 검색이 가능하며, 특정 정보를 찾아내는 속도도 인간을 능가한다. 예를 들어 질병에 대한 진단의 정확성도 의사들이 로봇 컴퓨터를 따라가기가 힘들다. 병원에서 정확한 수치를 토대로 진단을 내리고, 결정을 위한 자료를 제시하는 것은 컴퓨터의 몫이다. 죽음이라는 인간의 숙명마저 기술로 몰아낼 수 있다고 믿는 시대, 이런 시대에 죽음은 마치 부당한 요구이며 인간의 창조력에 대한 모욕으로 간주된다. 병들어 죽음을 앞둔 이들은 자신의 생명을 연장하기 위해 기꺼이 익숙한 환경을 버리고, 삭막하기 짝이 없는 고성능의 센터로 들어간다. 생명 연장을 위해 더 시도해볼 수 있는 방법들이 그곳에 존재하기 때문이다. 하지만 이 모든 것이 과연 인간의 행복에 기여하는지는 의문이다.

도처에 위태로운 존재들

한편 지구 반대편에 사는 이들은 생명에 위협을 느끼는 훨씬 더 절박한 상황에 처해 있다. 전쟁과 기아 속에 당장 내일까지 살아남아야 하는 문제, 아이들을 살려야 하는 문제에 시달리는 이들이다. 하지만 목숨 걸고 자신들의 터전에서 탈출한 난민들을 기다리는 것은 무엇일까. 누군가는 그들의 유입을 막기 위해 울타리를 치고, 또 다른 누군가는 벽을 세우려고 한다. 심지어 난민들이 바다에 침몰하기를 남몰래 바라는 사람들도 있다. 그 모습을 보며 겁을 먹기를, 그래서 유럽으로 향할 엄두조차 내지 못하기를 바라는 것이다. '모든 인간은 존엄하다'고 말하지만, 이들에게는 '국적을 가진 사람'만이 존엄하다.

과거 우리는 단 몇 초 만에 전 세계 곳곳에 닿을 만큼 디지털 네트워크 기술이 발전하면 비로소 인류 앞에 상상조차 하지 못한 가능성이 열리리라 믿었다. 가령 페이스북이 처음 공개되었을 때만 해도, 모니터 화면 앞에 앉아 지리·문화적 거리를 뛰어넘어 다양한 사람들이 만나고 우애를 나눌 것이라고 기대했다. 그리고 이를 통해, 선한 이들로 구성된 거대한 사회가 형성되리라고 사람들은 믿었다. 이 얼마나 아름다운 상상이었던가. 하지만 그 상상이 실은 끔찍한 시나리오에 지나지 않았음을 확인하는 데는 그리 오래 걸리지 않았다.

인터넷은 눈 깜짝할 사이 사생활과 법 질서에 대한 경외심을 무너뜨린다. 오늘날 페이스북이나 유튜브 등을 통해 전 세계에 유포되는 수백만 건의 동영상 가운데, 어떤 영상들은 의도한 바와 달리 누군가로 하여금 굴욕감과 고통을 느끼게 한다. 수백만 명의 사용자를 보유하고 있는 이 거대 시장에서는 개인이 목적하는 바를 이루기 위해 상대를 깎아내리고 주저하기를 거리끼지 않는다.

여기서 의문이 들 것이다. 이런 문화가 왜 문제가 된다는 건가? 문제는 우리, 바로 이처럼 기만적인 문화를 소비하는 주체가 중심을 잡지 못하고 있다는 데 있다. 이미 오래 전부터 우리의 분별력을 잃게 만들려는 전략은 실행되고 있었다. 기업들은 목적이 분명한 광고로 소비자들을 공략하고, 이는 마치 폭풍처럼 우리의 뇌를 삼켜 계속해서 물건을 사고 버리게 만든다. 채워 넣고, 또 빼내기의 반복이다. 체험해볼 것을 끊임없이 제안하고, 기분 전환을 하라고 끝없이 유혹한다. 넘쳐나는 정보들로 인해 사람들의 시선은 늘 생기를 잃은 채 모니터 화면에 고정되어 있다. 쏟아지는 광고에 현혹되지 않으려고 애쓰지만 반짝이는 배너 광고와 신상품 알람에 저도 모르게 반응하고 만다.

스마트폰 역시 단 1초도 우리를 가만히 두지 않는다. 이 세상의 모든 일이 우리와 관련이 있는 듯 여기게 만들기 때문이다. 마음만 먹으면 누가 누구와 무엇을 하고 있는지 알아내는 것도 어렵지 않다. 과거, 비밀이란 신뢰할 만한 누군가에게 털어놓던 것이었지만, 이제는 그것을 불과 몇 초 만에 수천 명에 달하는 사람들과 공유하고 있다. 문제는 여기 우리는 인간의 처리 능력을 넘어선 정보를 폭식하고 있다.
온갖 추측과 편견, 평가와 의도의 포로가 된 것이다.

에 있다. 우리는 인간 두뇌의 처리 능력을 넘어선 정보를 폭식하고 있다. 모든 사람이 자신과는 관계없는 일로 지나치게 분주하며, 쓸데없는 일에 간섭을 하느라 정작 자신을 돌볼 시간이 없다. 온갖 추측과 편견, 평가와 의도의 포로가 된 것이다.

이익 극대화라는 함정

한때 병원은 인간의 생명을 살리고 보존하는 신성한 장소로서 한 도시 혹은 한 지역의 자랑이었다. 그 중심에는 물론 인간이 있었다. 하지만 오늘날, 인간은 오히려 병원의 방해 요소처럼 여겨진다. 1980년대 중반까지만 해도 서독에서는 병원의 이윤 추구가 법적으로 금지되어 있었다. 그러나 오늘날 병원은 하나의 사업체로서 이윤 극대화의 결정체가 되었다. 의사나 간호사가 아닌 사업가들이 병원의 키를 쥐고, 수술로 수익을 남긴 병원장은 인센티브를 받으며, 공공의료기관들 역시 병원의 경제적 이익을 환자의 안위보다 우선하는 운영 방식에서 자유롭지 못하다.

의사의 능력은 수익성에 따라, 간병인과 환자의 가치는 의료비에 따라 매 순간 평가를 받는다. 시간은 곧 돈이다. 가령 수술은 계획대로 끝났지만 경과를 지켜봐야 하는 환자가 있으면, 더는 돈이 되지 않는다는 이유로 '조기 퇴원'을 종용하기도 한다. 완전히 회복되기도 전에 다음 고객에게 병실 침대를 팔아버리는 것이다. 시간을 돈으로 따지는 방식의 의료 행위는 그 자체로 인간의 존엄에 반하는 일임을 의료진도, 병원 직원들도 모르지 않는다.

이윤의 극대화라는 시장주의 논리는 환자뿐 아니라 병원 내 노동자들의 처우에도 직접적인 영향을 미친다. 레지던트의 근무시간이 서른 시간에 이르고 한 사람당 침대가 마흔 개인 병동 하나를 책임져야 하며, 간호사 한 명이 돌봐야 할 환자들이 지나치게 많다면, 과연 이를 '꿈의 직업'이라 부를 수 있을까. 도리어 회피하고 싶은 직업이 될 것이다. 간호사를 줄이고, 의사를 줄이고, 지출을 줄인 결과는 어떨까? 독일에서 간호사 한 명이 담당하는 환자는 평균 열 명. 설문 조사 결과, 간호사 열 명 중 여덟 명은 늘 피로가 누적된 상태, 혹은 몸이 좋지 않은 상태로 출근을 한다고 답했으며, 정년 전에 일을 그만두겠다고 답한 간호사도 네 명 가운데 세 명에 달했다. 응답자 가운데 절반은 계속 이렇게 일할 수는 없지만 지금은 그렇게 할 수밖에 없는 조건이라고 답했다.

그런데 지구 반대쪽에서는 이들의 열악한 노동 환경과 처우를 개선하려고 노력하는 대신, 이를 효율적이고 지치지 않는 노동력으로 대체하려는 움직임이 일어나고 있다. 바로 피로를 느끼지 않는 로봇이다. 일본에서는 일찍부터 요양원에 투입할 간호로봇을 개발하는 데 몰두해왔다. 최대한 빠른 시간 안에 필요한 만큼의 로봇을 만들어내는 것이 이들의 목표다. 이미 일본에서는 몇 년 후면 부족한 간호사의 수가 1백만 명에 달할 것이라고 보고, 2013년 '인간·로봇 공생 리서치센터'라는 이름의 연구소가 '테라피오'라는 간호로봇을 선보였다. 간호사라기보다 휴지통에 가까운 듯 보이는 이 로봇은 카메라를 통해 환자의 얼굴을 인식해 곧바로 의사에게 환자의 상태를 전달하는 역할을 한다. 그보다 훨씬 전인 2007년 일본 고등과학기술원에서 개발한 바다표범을 닮은 로봇 '파로'는 환자의 심리 상태를 안정시켜 회복 속도를 높여주는 감성 치료용 로봇이다. 거동이 불편하거나 병실에 혼자 오래 있는 환자들이 로봇을 안고 쓰다듬으면 주인을 인식해 다채로운 반응을 보인다.

이처럼 로봇은 의료 분야에서 가장 활발하게 쓰이고 있는데, 앞으로 공개될 다음 세대의 로봇들은 '보다 가볍고', '보다 사용하기 쉬우며', '더 풍부한 감정을 자랑할 것'이라고 연구자들은 말한다. 전 세계 휴머노이드 로봇 시장은 향후 5년 안에 현재보다 열 배 규모로 성장할 전망이다. 이들 연구자들은 정서적 교감에 대한 비용마저 최소화하기 위해 로봇의 개발에 박차를 가하고 있다. 과연 우리는 이러한 변화의 흐름 어디에서 인간의 존엄을 찾을 수 있을 것인가?

과학자와 기술자, 선구자 그리고 이 모든 것을 실행에 옮기는 이들 모두 인간이 만들어낸 시스템의 결정체인 학교에서 교육을 받았고, 대부분 최고로 손꼽히는 교육과정을 밟았다. 이들의 발명품은 누군가에게는 최소한의 비용과 편리함을 가져다주었지만, 다른 누군가에게는 직업을 빼앗고 동등한 인간과 교감할 수 있는 권리마저 빼앗은 셈이 되고 말았다. 이들은 아마 알 수 없었을 것이다. 개인의 의도와 목표를 이루기 위해 다른 사람을 이용하는 것이 결국은 자신의 존엄을 무너뜨리는 결과를 낳는다는 사실을 말이다. 우리는 여기서 교육의 문제도 살펴볼 필요가 있다.

독일어에서 존엄을 뜻하는 뷔르드Würde라는 단어는 주로 문법 시간에 접한다. 독일어 문법에서 뷔르드würde는 '그가 혹은 그녀가 무엇을 할 것이다' 등의 문장을 만들 때 사용하는 조동사에 해당한다. 학생들은 아마 수업 시간 선생님의 질문에 이렇게 답할 것이다. "선생님, 저 알아요. 직설법, 명령법과 함께 동사의 세 가지 활용법 중 하나인 가정법을 만들 때 사용되며, 종속절을 돕는 조동사입니다." "맞았어, 앉아. 100점."

그러니까 결국 가정법에서 활용되는 존엄이라는 단어는 가능성을 의미하는 것이다. '이것을 가질 수 있으면 좋겠어', '이것을 할 수 있으면 좋겠어'처럼 바라는 것, 가능성이 있는 것을 표현하는 단어인 것이다. 다른 선생님에게 배울 수 있으면 좋겠다든지, 조금 더 좋은 학교에서 공부할 수 있으면 좋겠다든지, 강요하지 않고 스트레스가 적은 곳에서 공부의 즐거움을 누릴 수 있으면 좋겠다든지 하는 바람을 가질 수도 있을 것이다. 하지만 명사형의 '존엄'은 어떠한가. 과연 수업에 존엄이라는 것이 존재하는가? 학교에는? 그런 것이 과연 있기나 할까. 아니, 한 번이라도 있었던가?

인생에서 처음으로 경험한 배움이라는 활동은 얼마나 경이로웠던가. 탐구하고, 연구하고, 추적하는 것은 얼마나 멋진 작업인가. 배운다는 것은 얼마나 황홀한 일인가. 하지만 정작 학교에서 우리는 자리에 가만히 앉아 지식을 얻는다. 몸을 움직일 시간이 있기는 하지만, 나가봐야 좁은 운동장이 전부다. 그것도 종소리가 울려야 움직일 수 있다. 과거에 우리가 끝도 없이 넓은 자연 환경에서 학습하고, 그만큼이나 제한이 없는 시간 속에서 배움을 즐겼다면, 이제는 45분 단위로 시간을 자르고 나누어 공부를 한다. 한 과목이 끝나면 다른 과목이 이어진다. 생각을 끝내기도 전에 다음 수업이 진행되는 것이다. 하지만 학생은 조용히 앉아 선생님의 설명과 질문에 집중해야 한다. 학생들에게는 이 설명과 질문이 별로 흥미롭지 않다. 무엇을, 누가, 언제 배우고 알아야 하는지가 이미 정해져 있기 때문이다.

사는 동안 '나'라는 존재를 스스로 만들어나가야 하는 인간은 이렇게 순식간에 특정 시스템에 속한 대상, 지배의 대상이 되어버린다. 그렇게 자기 존엄성을 스스로 깨우칠 기회를 놓치고 마는 것이다.

교실의 혁신을 이루어내려는 시도는 이미 몇십 년 전부터 이어져왔다. 풍부한 상상력과 열정을 가진 교사와 우수한 학교, 대담한 교육학자 들도 많다. 하지만 21세기에도 여전히 우리는 많은 학교가 군대식 문화에 젖어 있음을 확인하고 있다. 우수한 인재를 걸러내기 위한 훈련소 같은 학교 시스템 속에서 학생들은 이 시스템을 받아들이고 복종한다. 개인의 의사는 중요하지 않다. 학생들보다 더 높은 권위를 가진 존재가 무엇을 언제 어떤 순서에 따라 배울 것인지를 이미 다 정해놓았기 때문이다. 인간이 지닌 가장 숭고한 가치인 '배움'이 의무에 지나지 않는 무언가로 전락한 것이다.

인류 역사는 자신과 세상을 이해하고 끊임없이 질문하며, 이에 대한 답을 찾는 인간의 본성에 의해 발전해왔다. 이와 같은 활동들은 누군가의 강요보다 자발적인 수행에 의해 이뤄져야 하지만, 정작 배움의 보고인 학교에서는 전혀 의미가 없는 활동이다. 학생들은 일제히 칠판 앞에 선 선생님을 향해 앉아 있어야 하며, 이 일방적인 구도 속에서 학생들은 지루함을 이기지 못한다. 좁디좁은 교실 안에서는 상상의 나래를 펼치는 것이 불가능하다. 학교 건물 안에서는 꿈 같은 것을 가질 수도, 무언가를 기대할 수도 없다. 그나마 운이 좋으면 비교적 깨끗하고 그나마 덜 삭막한 교실에서 공부할 수 있다는 데 만족해야 한다. 전문가들은 이러한 학교 환경을 개선하는 데 독일의 경우 약 340억 유로(한화로 약 44조 원)가 필요하다고 말한다. 결국 또다시 돈의 문제로 돌아온다.

두려운 미래가 현실이 될 때

인류 역사가 시작된 이래, 우리는 계속해서 발전을 도모해왔다. 더 높이 올라가기를, 더 멀리 가기를, 더 영리해지기를 바랐다. 그 인류 진화의 역사는 태초의 아프리카 사바나 지대에서부터 시작해 오늘날 실리콘밸리에 이르러 정점을 찍고 있다. 실리콘밸리에는 스스로 인류가 가진 한계를 뛰어넘기 위해 구슬땀을 흘리는 사람들이 모여 있다. 이들은 노화를 늦추고, 죽음을 피하며, 고통을 멈추기 위해 노력한다. 전지전능을 꿈꾸는 이들은 자신들을 '트랜스휴머니스트 Transhumanist'라고 소개한다. 모든 것을 할 수 있고 실수도 하지 않는 신인류의 선구자로 자신들을 평가하는 것이다. 수천 년 동안 신이 결정해온 인간의 성정을, 지구를 지배했으나 정작 육체가 가진 한계를 인정하고 싶지 않은 인간의 손에 넘기겠다는 계획이다. 이곳의 연구원들은 인간을 보다 똑똑하게 만들어줄 신약과 더 강하고 빠르게 움직이게 해줄 의족을 개발 중이다. 유전자를 변형시켜 우리에게 영생을 선사하려고도 하고 있다.

죽음과 고통이라는 인간의 숙명을 뛰어넘으려는 이들의 시도가 과연 어떤 결과를 가져올 것인가? 우리는 그들이 가져올 미래를 두 팔 벌려 환영해야 하는가? 혹은 두려워해야 하는가? 만약 두려워해야 한다면 이들을 어떻게 막을 것인가? 이를 판단할 새도 없이 미래는 현실이 되고 있다.

이미 우리가 많은 것을 잃고 있음을 인식하는 이들도 많다. 그렇다고 해도 마음 편히 도로에서, 광장에서, 심지어 자연에서 신나게 뛰어노는 아이들의 모습을 그리워하는 사람들은 거의 없을 것이다. 자동차로 장거리 이동을 한 날이면 와이퍼에 부딪쳐 죽은 벌레들을 닦아내느라 번거로웠던 경험들을 과연 기억하는 사람이 있을까. 그 많던 벌레들은 다 어디로 간 것일까. 윙윙거리며 날아다니던 벌레가 사라지면, 개울의 개구리 소리도, 창가에 새들의 노랫소리도 사라질 것이다. 하지만 이 또한 사람들은 그리워하지 않을 것이다. 새들의 노랫소리와 개구리의 울음소리를 기억하는 유일한 존재, 노인들이 머지않아 죽음을 맞이하게 될 테니까.

사람들은 무분별한 발전과 그것이 가져올 결과를 보다 엄격한 규제, 보다 나은 법, 보다 확실한 규정들로 막을 수 있다고 믿는다. 정부가 조금 더 단호한 조처를 취한다면 관련자들의 활동을 저지할 수 있을 거라 기대하면서 말이다. 하지만 뉴스에서 연이어 터지는 스캔들이 그 모든 법적 규제와 국가의 감시가 무색하게, 이익에 눈이 먼 사람들이 자신들의 계획과 목적을 실현하기 위해 우리 모두를, 심지어는 아직 태어나지 않은 생명들까지도 희생시키고 있다는 사실을 증명하고 있다. 이들의 존엄하지 않은 행위는 계속해서 핑곗거리를 찾고 있다는 사실도.

일부 시민들이 직접 일어나 시위나 단체를 구성하여 행동으로 이들을 압박하고 나선 것도 이 때문이다. 스스로 돈키호테를 자처한 것이다. 미겔 데 세르반테스Miguel de Cervantes의 소설 속 주인공, 풍차를 향하여 돌진했던 돈키호테Don Quixote를 독자 여러분도 기억하시리라. 그는 간파할 수 없고 이길 수 없는 권력을 상대로 용감하게 맞섰다. 하지만 그걸로 끝이었다. 오늘날 많은 행동주의자들이 바로 이 돈키호테를 연상시킨다. 아무리 노력을 기울여도, 이따금 진전이 있었대도, 결과적으로는 돌파구를 찾아내지 못했다. 무려 지난 수십 년을 그래 왔다. 법적인 규제를 강화하고, 반대의 목소리를 높이고, 저항하고 압박하는 모든 전략들은 농업과 기업, 학교와 병원, 요양원과 은행, 그 어디에서도 우리가 원하던 변화를 가져오지 못했다.

지금까지 환경과 교육, 의학과 과학기술이 만든 현대인의 삶이 우리를 어떤 결과로 몰아가고 있는지 살펴보았다. 문제를 개선하려던 그들의 노력은 과연 그들이 원하던 결과를 가져왔는가? 만약 지금까지의 방법이 더 이상 통하지 않는다면, 어떻게 해야 할까? 나는 우리 집 정원의 나무 그늘 아래 앉아 이렇게 자문했다. 그리고 그 과정에서 답을 얻었다. 우

존엄한 인생이 무엇인지 아는 사람은
더 이상 존엄하지 않은 인생을
살 수 없다.

리 자신은 물론, 타인을 지키며 살아갈 수 있도록 돕는 내면의 나침반. 바로 존엄이 그 답이었다.

　생명의 다양성을 파괴하거나, 인간 내면의 다양성, 즉 모든 인간이 가지고 있는 저마다의 잠재력을 억누르는 누군가가 있다면, 어떻게 해야 할까. 그 사람에게는 자신이 하고 있는 일, 자신이 살아가는 방식이 자신이 생각하는 존엄이라는 가치에 부합하는지를 돌아볼 기회가 주어져야 한다. 생각과 행동의 영역이 아니라 감정의 영역에서 자문할 수 있어야 한다. 자신의 행동이 자신이 존엄에 대해 가지고 있는 인식에 모순될 경우 내면에 일어나는 동요를 느껴봐야 한다는 말이다. 이렇게 해야만 자신의 존엄하지 않은 행동을 인지하는 것이 가능하다. 존엄한 인생이 무엇인지 아는 사람은, 더 이상 존엄하지 않은 인생을 살 수 없기 때문이다.

2장
존엄은 어떻게 탄생했는가

"아담, 너는 보다 열등한 짐승의 수준으로
스스로 타락할 수 있는 능력을 부여받았지만
또한 네 지성과 판단 안에 있는 숭고한 능력,
즉 신성한 형태로 다시 태어날 수 있는 능력도 함께 부여받았다."
— 조반니 피코 델라 미란돌라

오래되고 존귀하다

독일어에는 '알티어부르딕altehrrwürdig이라는 단어가 있다. 이
는 '오래되다älter'라는 의미에 '존엄하다würdig'라는 뜻이 결합
된 합성어다. 주로 유서 깊은 건축물 앞에 섰을 때 감탄사를
내뱉으며 이 단어를 말한다. 나이가 지긋한 원로들이나 오래
된 가문 앞에 존경심을 표할 때도 이 단어를 자주 쓴다. 하
지만 정작 서구사회에 존엄이라는 개념이 성립된 지는 그리
오래되지 않았다. 인간의 존엄성이 주목을 받기 시작한 것이
불과 지난 세기의 일이기 때문이다.

　존엄은 아주 오래 전부터 인류의 역사와 함께해온 법이나
명예, 명성, 긍지 등의 개념과는 사뭇 다르다. 기원전 4세기경
플라톤이 제시한 온전한 인간이 되기 위해 필요한 네 가지 덕
목 지혜, 용기, 절제, 정의 외에도, 현대인들이 인용하기 좋아
하는 고대 그리스 철학자들도 인간의 존엄함에 대해서만큼은
그리 큰 고민을 하지 않았다. '존엄'과 유사한 단어를 꼽자면
'명망', '지위', '명예' 혹은 '존중'이라는 의미를 가진 그리스
어 '토 악시오마to axioma' 정도일 것이다. 하지만 명망이나 지
위, 명예, 존중은 사람이나 혹은 환경에 따라 그 가치가 변할
수 있다는 점에서 존엄과 다르다. 존엄이란 시간이 흘러도

변하지 않으며 타협의 대상이 될 수 없는, 인간이 가진 고유의 성질이지만, 인간의 영혼, 즉 정신을 탐구하는 데 몰두한 고대 사상가들의 생각은 여기에 미치지 못했다. 예컨대 이들은 정신이 육체에 비해 얼마나 더 가치 있는지를 질문했으며, 육체와 영혼, 기쁨과 슬픔을 주제로 돌고 도는 철학이었다. 그래서 플라톤은 이렇게 말했나 보다. "인간은 자신이 찾는 것을 가지고 있지 않다."

'존엄'이라는 개념을 언급한 최초의 인물로 역사학자들은 로마의 국부國父 마르쿠스 툴리우스 키케로Marcus Tullius Cicero를 꼽는다. 《의무론De officiis》에서 키케로는 인간을 특징짓는 것이 '숭고한 태도'와 '우월한 태도' 그리고 '존엄'이라고 이야기하고 있다. 인간에게는 선한 것과 옳은 것을 인지할 수 있는 능력이 있으며, 인간의 정신은 학습과 사고를 통해 성장한다. 그리하여 지혜로운 인간은 "끊임없이 연구하고, 시도하며, 보는 것과 듣는 것을 즐거워한다"는 것이다.

로마인들은 존엄성을 의미하는 라틴어 디그니타스dígsnitas를 엑스켈렌티아excelléntia, 즉 '탁월함'이라는 의미와 연결시켰다. 탁월함은 대부분 관직과 관련되어 사용되었는데, 독일어 가운데 '직위에 오르다Im Amt und Würde'라는 표현도 '존엄Würde'을 포함하고 있다. 즉, 사회적인 명망이 있거나 지위를 가진 사람, 관직에 오른 사람을 존엄한 사람으로 여겼던 것이다. 스토아학파의 표현을 빌리자면, 당대인이 생각하던 존엄한 사람의 기준은 행복과 마찬가지로 불행 앞에서도 의연하며, 큰 소리로 빠르게 말하지 않고, 넓은 보폭에 여유로운 걸음걸이를 가진 사람이었다. 당시 존엄이라는 개념은 한 사람에 대한 타인의 평가를 정의한 것이었다. 이렇게 본다면 결국 존엄이란 권력과 부를 가지고 있는 사람들의 전유물이며, 힘이 없고 가난한 이들은 갖지 못하는 것이었다. 약자들은 존엄한 사람들 앞에서 아첨을 떨어야 했다. 제 몸이 제 것이 아닌 노예들도 존엄한 존재가 될 수 없었다. 로마법은 자유가 없는 이들을 아예 인간으로 인정하지도 않았기 때문이다.

키케로가 이해한 존엄은 교육적인 측면에서의 덕목이었다. 모름지기 사람은 신중하고, 감정을 절제할 줄 알아야 하며, 검소하고 금욕하며, 엄격하고 이성적인 삶을 살아야 한다는 가르침에서 비롯된 개념이었던 것이다. 실제로 키케로의 《의무론》은 아테네에서 공부하고 있는 자기 아들 마르쿠스에게 보내는 편지이자 조언이었다.

중세, 신을 닮은 인간

인간 존엄의 역사에 혁명을 일으킬 사명을 타고난 또 다른 존재가 있었다. 성경에 나와 있는 표현에 따르면, '하느님의 형상을 따라 만들어진' 하느님의 아들, 예수다. 기독교인들이 예배 때마다 고백하는 내용에 따르면 예수는 하느님의 형상을 가지고 이 땅에 왔으며, 인간은 예수 그리스도 안에서, 예수 그리스도와 함께, 예수 그리스도를 통해 하느님을 닮아갈 수 있기에 예수 그리스도를 믿는다. 예수 그리스도 안에서 담대하게 살아가며 자신의 모습과 세상을 알아가고 자유를 얻을 수 있다는 것은 복음의 기쁜 소식, 그 이상이었다. 갈라디아 교회에 보낸 서신에서 사도 바울도 이렇게 말했다.

너희는 유대인이나 헬라인이나 종이나 자유인이나 남자나 여자나 다 그리스도 예수 안에서 하나이니라. 은혜는 모두에게 있으니, 유대인이나 헬라인이나 바바리아인이나 스키타이족이나 자유인이나 노예, 남자, 여자, 노인, 젊은이에게만 있는 것이 아니기 때문이다.

〈갈라디아서〉3장 28절의 내용이다. 기독교에서는 이 세상에서 인간으로 살아가는 것을 하느님의 계획으로 해석한다. 요한 필립 노이만Johann Philipp Neumann이 작사한 프란츠 슈베르트의 독일 미사곡 〈거룩하신 주Heilig ist der Herr〉에서 말하듯, 인간의 존엄 역시 위에 계신 분, '태초부터 있었으며, 영원하고 다스리며, 존재하고 항상 있을' 주님께서 허락하신 무언가, 즉 종교적인 개념으로 보고 있다. 하느님이 거룩하시기에 그 형상을 닮은 인간 역시 존경심을 가지고 대해야 하는 존재이자, 선택받고 자유를 허락받은, 삶을 선물로 받아 놀라운 능력을 가진 존재로 여겨지는 것이다.

그러나 구세주의 탄생 이후에도 인간의 존엄은 수시로 짓밟혔다. 인류는 약탈과 전쟁, 비인간적 행위들로 역사를 써 내려갔다. 중세는 하늘에는 영광이 있었지만 지상은 그렇지 못했다. 평화도 없었고, 대부분의 사람은 삶의 기쁨을 누릴 수 없었다. 중세인들은 가난이 하느님을 더 깊이 알게 하는 이상적인 방법이라고 여겼다. 부자들 역시 가난한 이들에게 선행을 베풀면 구원받으리라 믿었다. 주어진 운명에 순응하는 가난하고 헐벗은 이들은 존엄한 삶은커녕 생존의 문제로 걱정했다.

고대 그리스인들이 우아함과 아름다움에 관심을 가졌다면, 중세의 세계관은 체념과 금욕이었다. 중세에는 인간을 죄로 가득하며 지상의 온갖 유혹에 흔들리고 끝내 타락하는 존재로 여겼다. 그렇기 때문에 중세의 글과 예술 작품들은 모두 현재의 삶이 아닌, 죽음 이후를 주제로 한다. 개인이 각자의 개성을 키워나간다는 것은 불가능한 일이었으며, 구원과 성취는 오직 무지개 너머 영혼이 되어서야 이룰 수 있는 전혀 다른 차원의 일이었다. 인간의 몸은 지금 여기만을 누릴 뿐이지만, 영혼은 육체가 죽고 나면 영원토록 하늘나라에 살게 되는 것이다. 그러므로 인간은 하느님이 부여한 질서를 따르고, 신앙 공동체 안에서 주어지는 기독교의 가르침을 따라야 하는 존재였다. 스스로 생각할 용기를 가진 사람, 더 나아가 이를 표현하는 사람은 이교도로 몰려 신앙 공동체에서 영원히 추방당했다.

이처럼 한 개인의 인격에 대한 중세의 정의는 극도로 역설적이고 모순적인 것이었다. 다른 동식물보다 우월한 존재로 창조되었고 감정을 느낄지는 모르겠으나, 사고는 할 수 없는 존재. 인간은 하느님을 위해, 하느님의 형상대로 만들어진 존재이지만 동시에 하느님의 말씀에 순종하는 종이자 노예와 같은 존재이며, 누가 더 깊은 신앙심을 가지고 있는지 판단할 권리를 가진 이들의 손아귀에 놓인 존재였다. 재물, 욕심, 교만, 교활, 정의와 온유 앞에 깨어 있을 것을 강요받으

며, 순종하며 십자가를 지고 평생을 살아가야 하는 존재, 개인이 아닌 모두를 위해 살아야 하는 존재로서.

인간을 바라보는 시각이 긍정적으로 변화된 것은 고대 그리스에서 추구하던 인간 중심의 삶과 사고방식을 재고하기 시작한 르네상스 시대에 이르러서였다. 15세기 말, 이탈리아의 철학자 조반니 피코 델라 미란돌라Giovanni Pico della Mirandola 는 〈인간 존엄성에 대한 연설De dignitate hominis〉을 통해 인간에게는 스스로의 지위를 짐승의 수준으로 낮출지, 혹은 신의 수준으로 끌어올릴지를 선택할 수 있는 권리가 있다고 말한 바 있다.

하느님 아버지는 탄생의 순간부터 인간에게 모든 가능성과 모든 삶의 씨앗을 주셨다. 이 가운데 개인이 키우고, 관리하는 씨앗이 그 사람 안에서 열매를 맺는다. 그것이 식물의 씨앗이라면 식물이 될 것이고, 감각적인 것이라면 동물이 될 것이다. 이성적인 것이라면 하늘의 생명체가, 영혼의 씨앗이라면 천사와 하느님의 아들이 될 것이다.

칸트, 존엄에 관한 무조건적 명령

또 다시 몇 세기가 지났다. 쾨니히스베르크Königsberg(지금의 칼리닌그라드)의 어느 방 안에서 고대로부터 전해진 전통적인 철학의 세 가지 분야 자연학, 윤리학, 논리학을 정리하고자 나선 한 철학자가 있었다. 살면서 단 한 번도 쾨니히스베르크를 떠난 적이 없었던 철학자, 이마누엘 칸트Immanuel Kant다. 칸트는 영혼이 모든 것을 통제하는 정신이라는 플라톤의 영혼론과 아리스토텔레스의 사상, 토마스 아퀴나스의 인간학을 파헤치며, 다른 생명체와 구별되는 인간의 고유성을 찾아내고자 했다. 칸트가 생각하는 자연적인 존재, 즉 자연의 일부로서 인간은 식물이나 동물, 땅과 같은 '보편적 가치'를 가지고 있다. 쓸모는 있으나, 특별할 것은 없는 존재라는 것이다.

동식물과 다르지 않다면 인간을 인간답게 하는 것이 무엇이란 말인가? 칸트는 이에 대해 인간이 본능에 구속되지 않는 '도덕적 자율성'을 가질 때 다른 생명체와 구분이 되며, 도덕적 행위의 주체가 될 수 있다고 보았다. 칸트는 말한다.

인간은, 모든 지성적인 존재는 수단이 아니라 그

한 사람의 존엄은
그 사람을 함부로 대하는 타인에 의해서만
다치는 것이 아니다.
우리가 우리 스스로를 함부로 대할 때에도
존엄성은 상처를 입는다.

스스로가 목적으로 존재한다. 너 자신의 인격뿐 아니라 다른 사람의 인격에도 인간성을 단지 수단으로만 대하지 말고 항상 동시에 목적으로 대우하라.

인간은 이 '도덕 법칙'이라는 정언 명령을 따름으로써 "최고의 경이의 대상이 되며, 자신의 참된 사명의 크기와 숭고함에 성스러운 전율을 느끼게 하는" 존재가 된다는 것이다. 칸트에 따르면 존엄이란 "인간을 다른 창조물들로부터 구분되게 하는 것"으로, 모든 인간은 "자신의 인격 속에서도 자신의 존엄성에 위배되지 않을" 의무를 가지고 있다. 한 사람의 존엄은 그 사람을 함부로 대하는 타인에 의해서만 다치는 것이 아니라 우리가 우리 스스로를 함부로 대할 때에도 상처를 입는다. "자신을 벌레로 여기는 사람은, 짓밟히는 것에 대해서도 불평할 수 없다"고 칸트는 말한다.

칸트는 인격에 대한 무조건적인 존중을 반드시 따라야 하는 절대적인 명령으로 규정했다. 그는 상품과 서비스가 교환되는 모든 곳에서 형이상학적 가치조차 가격을 갖게 된다면 이 역시 판매의 대상이 될 수 있다는 것을 분명히 알고 있었기 때문이다. 칸트는 《도덕형이상학 정초Grundlegung zur Metaphysik der Sitten》에서 이렇게 쓰고 있다.

목적의 왕국에서는 모든 것이 가격 아니면 존엄성, 이 두 가지 중 하나를 가진다. 가격을 가진 것은 동일한 가격을 가진 대용물로 대치될 수 있다. 그에 반해 모든 가격을 넘어서는 것, 대용물을 허락하지 않는 것은 존엄성을 가진다.

그리고 이러한 존엄성은 침해받을 수 없으며, 쉽게 빼앗을 수 없고 인생의 부당한 요구들로부터 보호를 받는 내면의 가치다. 인간의 존엄은 변하지 않으며, 항상 있고 영원하며, 뜻밖의 사건들이나 폭력에 무너지지도 않는다. 인간에게만 존재하는 인간 고유의 강한 본성이자, 단어로는 설명할 수 없는 감정이자 상태, 그리고 우리의 상상을 늘 뛰어넘는 그 이상의 무언가. 설령 우리가 믿지 않는다 해도 여전히 존재할 무언가. 바로 그것이 존엄인 것이다.

칸트는 이러한 자신의 철학을 공식으로 만들었다. 바로 우리가 교과서에서 만나는 '정언 명령'이다. "그대가 하고자 꾀하고 있는 것이 동시에 누구에게나 통용될 수 있도록 행하라!" 즉, 자신의 행동이 다른 사람에게 보편화할 수 있는 준칙인지 아닌지 살펴봐야 한다는 것, 모든 사람의 경우에 옳지 않다면 당신에게도 옳을 수 없다는 것이다. 과연 자신이 '취급' 받고 싶은 방식대로 타인을 취급했는지, 상대방의 입장에서 생각을 해봐야 한다는 말이다. 여기에서 사용된 '취급하다behandeln'가 그리 아름다운 단어는 아니기에 표현을 바꿔 말하자면, 어떤 사람이 평소 자신이 타인을 대하는 방식으로 자신을 대한다면 과연 어떤 기분이 들까를 상상해보라는 것이다. 자신이 원하지 않는 것은 다른 사람에게도 시켜서는 안 된다는 칸트의 이 윤리 철학은 근대 법체계의 근본이 되었다.

1798년, 아마도 프랑스혁명의 세계관에서 영향을 받았을 칸트는《도덕형이상학 정초》에서 이렇게 말한다.

　　　　　모든 인간은 타인에 대한 정당한 기대를 가지고 있으며, 자신 또한 그러한 기대를 받음으로써 모든 타인과 연결되어 있다. 인류는 그 자체로 존엄하다. 인간은 그 자체가 목적이며, 결코 다른 사람을 위한 혹은 자기 자신을 위한 수단이 될 수 없기 때문이다. 바로 그 안에 인간의 존엄함이 있다. 이를 통해 인간은 유용하기는 하지만 인간은 아닌 이 세상의 모든 생명, 모든 사물들보다 뛰어난 존재가 되는 것이다. 그 어떤 가격에도 자기 자신을 팔아넘길 수 없듯 모든 인간은 (이로써 자기 평가의 의무와 충돌한다.) 타인에 대한 가치 평가에 반하는 행동을 할 수 없다. 인간은 인류가 가진 존엄성을 모든 인간에게서 발견해야 하며, 그렇기 때문에 모든 인간은 타인을 존중해야 할 의무를 지니게 된다.

전쟁의 잿더미에서 피어난 존엄 선언

그로부터 얼마 후, 칸트의 영향을 받은 한 사람이 등장했다. 괴테의 친구이자 독일의 대문호로 꼽히는 자유시인 프리드리히 폰 실러Friedrich von Schiller다. 인간의 존엄을 언어로 표현하기 위해 노력을 기울였던 실러는 〈우미와 존엄Über Anmut und Würde〉이라는 글에서 "숭고한 심정의 표현"이라고 존엄을 정의했다. 하지만 이 숭고한 심정이 단순히 우아한 관념에 머물지 않고, 실제 법적인 효력을 갖기까지는 조금 더 시간이 걸렸다. 이후 인간의 존엄성에 주목한 이들은 철학가들이 아닌 정치인들이었다.

고문과 압제, 학대와 노예제, 굴종과 멸시, 그리고 두 번의 세계대전과 나치즘의 테러 이후 몇 세기가 흘렀다. 존엄에 대한 새로운 정의를 내린 이들은 바로 그 끔찍한 역사를 이겨낸 생존자들이었다. 아우슈비츠 생존자인 이스라엘 예술가 예후다 베이컨Yehuda Bacon은 아버지가 가스실에서 살해당하고, 남은 가족과는 강제 수용소로 뿔뿔이 흩어져 만날 수 없었다. 그러나 수용소의 참혹한 현실 속에서도 그는 "다 알고 있었다"고 말한다.

다 알고 있었다. 저들이 나를 잿더미로 만들 수 있다는 것을. 하지만 나는 알고 있었다. 내 안에는, 저들이 결코 죽일 수 없는 무언가가 있다는 것을.

다시 말해 인간에게는 결코 파괴될 수 없는, 시대를 초월하여 끊이지 않는, 신성한 무언가가 있다는 것이다.

인간의 내면에는 겉으로 보이는 운명보다 더 강인한 무언가가 있다는 사실을 깨달은 또 한 사람이 있었다. 오스트리아 빈 출신의 유태계 정신의학자 빅터 프랭클Viktor Frankl이다. 그는 엄청난 공포 속에서도 인간은 존엄을 지킬 수 있다는 것을 유태인 수용소에서 직접 경험하며 이를 《죽음의 수용소에서Man's search for Meaning》라는 책으로 남겼다. 번호가 매겨진 예비 사형수로 살아가야 하는 그 순간에도 프랭클은 확신하고 있었다.

결코 앗아갈 수 없는 정신적인 자유가 마지막 호흡

인간의 내면에는
겉으로 보이는 운명보다
더 강인한 무언가가 있다.

의 순간에까지도 자신의 삶을 조금 더 유의미하게 만들어갈 방법을 찾게 만들었다.

그리하여 20세기 말, 고통 속에서도 여전히 선에 대한 믿음을 잃지 않은 사람들은 인간의 위대함을 표현할 새로운 단어를 찾기에 나선다. 1945년 6월, 전쟁이 끝난 직후 샌프란시스코에 도착한 UN 창립 회원국 대표자들이 발표하고 서명한 〈국제연합헌장Charter of the United Nations〉의 내용이 그랬다.

우리 연합국 국민들은 우리 일생 중에 두 번이나 말할 수 없는 슬픔을 인류에 가져온 전쟁의 불행에서 다음 세대를 구하고, 기본적 인권, 인간의 존엄 및 가치, 남녀 및 대소 각국의 평등권에 대한 신념을 재확인하며, 정의와 조약 및 기타 국제법의 연원으로부터 발생하는 의무에 대한 존중이 계속 유지될 수 있는 조건을 확립하며, 더 많은 자유 속에서 사회적 진보와 생활 수준의 향상을 촉진할 것을 결의하였다. 그리고 이러한 목적을 위하여 관용을 실천하고 선량한 이웃으로서 상호 간 평화롭게 함께 생활하며, 국제평화와 안전을 유지하기 위하여 우리들의 힘을 합하며, 공동이익을 위한 경우 이외에는 무력을 사용하지 아니한다는 것을, 원칙의 수락과 방법의 설정에 의하여 보장하고, 모든 국민의 경제적 및 사회적 발전을 촉진하기 위하여 국제기관을 이용한다는 것을 결의하면서, 이러한 목적을 달성하기 위하여 우리의 노력을 결집할 것을 결정하였다.

그로부터 3년 후인 1948년, UN 총회에서는 인권 선언문이 채택되었다. 이는 존엄을 향한 또 하나의 위대하면서도 상징적인 움직임이었다. 전 미국 대통령 프랭클린 루스벨트Franklin Roosevelt의 부인인 엘리너 루스벨트Eleanor Roosevelt를 의장으로, 전 세계의 선한 의지를 가진 사람들이 스위스 제네바에 모였다. 세계대전과 나치즘의 공포 정치로 인한 치욕을 겪으며, 인류가 비로소 존엄이라는 단어에 주목하게 된 것이다. 〈세계인권선언〉 제1조는 이렇게 시작한다.

모든 인간은 태어날 때부터 자유로우며 그 존엄과 권리에 있어 동등하다. 인간은 천부적으로 이성과 양심을 부여받았으며 서로 형제애의 정신으로 행동하여야 한다.

이어지는 제2조는 이렇다.

모든 사람은 인종, 피부색, 성, 언어, 종교, 정치적 또는 기타의 견해, 민족적 또는 사회적 출신, 재산, 출생 또는 기타의 신분과 같은 어떠한 종류의 차별이 없이, 이 선언에 규정된 모든 권리와 자유를 향유할 자격이 있다. 더 나아가 개인이 속한 국가 또는 영토가 독립국, 신탁통치 지역, 비자치 지역이거나 또는 주권에 대한 여타의 제약을 받느냐에 관계없이, 그 국가 또는 영토의 정치적, 법적 또는 국제적 지위에 근거하여 차별이 있어서는 아니 된다.

〈세계인권선언〉의 제정위원 가운데에는 레바논 출신의 철학자 겸 신학자인 찰스 말리크Charles Malik와 중국 정부의 외교관이자 공자의 사상을 따르는 유학자인 장평춘張彭春이 포함되어 있었다. 반대의 목소리 하나 없이 채택된 이 선언문은 인간의 신성함과 자기 자신 그리고 타인에 대한 사랑과 존중을 담은 전 세계의 모든 종교와 가르침에 대한 존경의 표현이기도 했다.

1919년 독일공화국의 헌법으로 제정된 바이마르헌법의 제1조는 "독일 제국은 공화국이다. 국가 권력은 국민으로부터 나온다"였다. 그런데 제2차 세계대전의 광기를 겪은 뒤 독일인들은 1949년 독일헌법 제1조의 1항을 이렇게 바꾸었다. "인간의 존엄성은 침해되지 아니한다. 모든 국가 권력은 이 존엄성을 존중하고 보호할 의무를 진다." 그 이후 여러 국가에서 인간의 존엄성을 헌법으로 규정하게 된다. 그런데 독일헌법 제정 2년 전 이미 인간의 존엄성을 헌법으로 보장하던 연방국가가 있었다. 1947년 제정된 자유한자도시 브레멘 주헌법이 그랬다.

우리 국민은 나치즘의 독재 정권이 개인의 자유와 인간의 존엄을 모욕하며 수백 년의 역사를 가진 자유 한자 도시 브레멘을 파괴한 것에 경각심을 가지고 사회의 질서를 바로 세우고자 한다. 우리는 사회적 정의와 인간성, 평화를 추구하며 경제적 약자들이 착취를 당하지 않도록 그들을 보호하며, 모든 노동자들의 존엄이 보호되는 사회를 추구한다.

오늘날 법적인 의미에서의 존엄은 일종의 천부인권이다. 독일의 경우 헌법 79조에 의거 수정될 수 없는 기본권으로 보호를 받고 있다. 이에 따르면 모든 인간은 "개인의 특성이나 신체적, 정신적 상태, 능력 혹은 사회적 지위에 관계없이" 존중받을 권리가 있다. 즉, 독일의 기본법 제1조는 제3자 혹은 국가에 의한 치욕, 모욕, 박해, 추방 혹은 이와 유사한 행위로부터 국민을 보호하고 있는 것이다.*

연방헌법재판소에서 이루어진 수많은 판결들은 이를 뒷받침한다. 인간은 "자유 안에서 스스로 결정하고, 자신을 표출할" 권리를 가지고 있다는 사실이 강조되며, 이는 "고립되고, 독단적인 개인으로서의 권리가 아니라 사회 구성원으로서의 개인에게 주어지는 권리"이다. 이렇게 인간의 존엄은 한 사람의 평생을 이끄는 이정표이자 반드시 보호해야 할 가치가 된 것이다.

새로운 시대의 자기 이해

지금까지 우리는 오늘날 통용되는 존엄이라는 개념의 뿌리를 찾기 위해 지나온 역사를 숨 가쁘게 훑어보았다. 이를 통해 우리가 분명하게 알 수 있는 사실은, 시대마다 '과연 인간이 인간답게 살아간다는 것은 무엇인가' 이 근본적인 질문의 답을 찾기 위해 노력해온 사람들이 존재했다는 것이다. 시대

• 대한민국은 헌법 제2장 제10조에서 "모든 국민은 인간으로서의 존엄과 가치를 가지며, 행복을 추구할 권리를 가진다"라고 규정하며 인간의 존엄을 보장하고 있다. 1962년 헌법에서 인간의 존엄성을 처음으로 규정하였다.

에 따라 변화해온 존엄의 의미는 특정 시대에 형성된 사회의 구조, 질서에 대한 표현 그 이상의 것이었다. 이 개념은 당대인들의 사회적, 문화적 삶을 결정하므로 역사적으로 형성되어온 사회 질서를 유지하는 이정표가 되어왔기 때문이다.

과거의 사회 질서에 의구심을 제기하는 발전들은 시대마다 끊임없이 이어져왔다. 그렇게 낡은, 지금까지 인간의 자기 이해를 결정해왔던 관념들도 변화하고 있는 것이다. 인간답다는 것의 의미를 바라보는 관점이 달라지는 것은 물론, 인간의 삶에서 가장 중요한 것이 무엇인지에 대한 새로운 관념이 형성됨으로써, 한 사회의 변화를 이끄는 모든 이의 척도가 되고 있다. 역사는 늘 그렇게 쓰여왔고, 오늘날도 다르지 않다. '시대가 요구하는' 관념만이 살아남아온 것이다. 특정 사회에서 이루어지고 있는 발전이 사회적 기피 현상과 불안, 문제를 불러올 때, 우리는 이를 극복하기 위해 새로운 자기 이해가 필요하다고 느낀다. 바로 이때 시대적 관념이 형성되어 널리 전파된다.

인간의 존엄성에 대한 관념이 형성되고 전파되기 시작한 17, 18세기 계몽주의 시대. 이 시대는 상인과 지주 계급이 기존 지배계급인 성직자와 귀족의 통치와 독재에서 벗어나 제3계급을 형성한 부르주아 계급의 시대이기도 하다. 사람

특정 사회에서의 발전이
사회적 기피현상과 불안, 문제를 불러올 때,
우리는 이를 극복하기 위해 새로운 자기 이해를 필요로 한다.

들은 중세 교회와 봉건주의의 족쇄로부터 자유를 얻었으며 과학적, 기술적 혁신이 이어졌다. 과거로부터 이어져온 사회 질서가 무너지고, 금지되었던 많은 것이 허용되기 시작했다. 하지만 문제는 과거의 질서, 왕과 교황을 중심으로 한 권력 구조가 힘을 잃은 가운데, 새로운 질서를 부여해줄 새로운 가치가 보이지 않는다는 것이었다. 과거에 비해 어느 정도 자유를 얻게 된 시민들에게는 생각과 행동의 기준이 되어줄 무언가가 필요했다. 자신의 삶을 스스로 개척할 책임, 질서 속에 공존해야 할 의무를 위임받기 위해 자기 이해에 대한 새로운 관념을 찾아야 했던 것이다.

당시의 급속한 발전을 우려 섞인 눈으로 바라보던 이들은 이 새로운 자기 이해, 즉 새로운 나침반이 인간의 존엄성에 대한 관념 속에 있다고 보았다. 그리고 인간의 존엄을 영원히 지켜야 할 근본 가치로 평가했다. 수세기에 걸쳐 막대한 힘을 손에 쥔 권력자가 정한 목표에 따라 행동할 것을 강요받아 왔던 인류는, 이제 각자가 가진 관념, 즉 존엄을 행동원칙으로 삼아 각자의 삶을 개척해나가고 공동체에 기여할 것을 요구받게 된 것이다.

물론 우리의 역사 속에서 존엄이라는 행동원칙이 과연 제대로 기능했는지는 의문이다. 그러나 이것은 인류가 나아갈 방향을 보여준 새로운 관념이었다는 점에서 기념비적이었고, 이러한 관념은 곧 민주주의 헌법의 핵심이 되었다. 민주주의 사회는 전제주의를 허용하지 않으며 체제의 유지와 발전은 시민 한 사람, 한 사람이 행동과 삶, 공존의 기준이 되는 내면의 방향성을 가지고 있을 때에만 가능하다. 민주주의 헌법과 선언문 역시 이러한 믿음을 바탕으로 제정되었다. 인간의 존엄성이 불가침하다는 원칙은 그야말로 민주주의 사회 헌법의 핵심이다. 즉, 모든 인간이 존엄하다는 명제는 단순히 일부 지식인들의 주장에 불과한 것이 아니라, 모든 민주주의 사회의 형성과 지속을 위한 결정적인 전제조건인 것이다.

하지만 민주주의 이전에 인간의 존엄성이라는 개념을 제대로 이해하기 위해서는 지금 여기 우리 삶의 모습이 어떻게 형성되었는지 되돌아볼 필요가 있다. 오래 전 인류가 한 곳에 정착하면서 농업과 축산업이 발전하기 시작했고, 선조들은 인간의 평화로운 공존을 위해 사회 질서와 구조를 만들었다. 무엇을 해야 하는지, 또 무엇을 하지 말아야 하는지를 정해주는 권력자 없이는 해당 사회의 재산과 영속을 지킬 수 없었기 때문이다. 이는 명확한 지시 없이도 위계질서 속에서 정해진 자신의 역할에 순종하는 구성원들이 있었기에 가능한 일이기도 했다. 특히 이러한 사회 구조는 전쟁이 이어지는 시대 속에 빛을 발했다. 물론 이러한 질서 속에서도 '신분 상승'의 기회는 여전히 남아 있었다. 성과를 거두거나 지식이 많거나 창의적인 하위 계급의 구성원에게도 상위 계급으로 올라갈 수 있는 기회가 주어졌던 것이다.

위계를 중시하는 이 질서의 원칙은 사회의 몸집이 불어남과 동시에 산업, 무역, 금융, 가정, 학교, 교회와 수도원까지 인간 공동체의 전 영역에 적용되기 시작했다. 모든 곳에 위계가 세워졌고, 무엇을 해야 할지 결정할 권력자 역시 모든 곳에 존재했다. 그리고 이 구조의 가장 낮은 곳에 속한 이들은 끊임없이 위로 올라가기 위해 갖은 노력을 기울였다. 더 많은 지식을 쌓으면, 더 많은 능력을 가지면 신분 상승이 가능하기 때문이다. 새로운 발견과 발명은 신분 상승을 위한 도구였다. (오늘날 우리는 이를 과학기술의 혁신이라 부른다.) 이렇게 상승의 기회를 얻기 위해 개인의 능력을 키우고, 또 키우는 경쟁을 하다 보니 결과적으로 인류가 사는 세상은 더 거대하고, 더 복잡해져갔다. 우리가 사는 세상을 전체적으로 바라보는 것은 더욱 어려워졌다.

스스로 몸을 키우고 힘을 기른 발전의 일차적인 결과가 바로, 오늘날 우리 눈앞에 고도의 기술력으로 무장하고 디지털화된 글로벌 세상이다. 그리고 이 고도의 복잡성을 띤, 더 이상 분리할 수 없이 모든 것이 연결되어 있는 세상에서 문제가 발생한다. 인류 역사를 통틀어 단 한 번도 경험해본 적 없는 문제다. 위계질서를 토대로 한 과거의 사회 구조는 더 이상 현대사회의 안정성을 유지하고 발전을 거듭하는 데 근본적으로 적합하지 않다는 사실이 드러난 것이다. 방향을 제시하고 질서를 부여하던 사회 체제의 힘은, 그 체제가 스스로 낳은 결과, 즉 걷잡을 수 없는 복잡성의 증가로 인해 힘을 잃고 말았다.

더 이상 '과거의 질서', 즉 지금까지 이어져온 위계질서의 구조는 통하지 않는 시대가 도래했다. 하지만 그렇다고 방향성을 제시해줄 구조 없이 인류가 나아갈 수는 없다. 현대사회가 빠진 딜레마가 바로 이것이다. 이 딜레마에서 빠져 나올 수 있는 방법은 한 가지. 개인과 사회 구성원 모두에게 공평하게 적용되는 질서의 원칙을 함께 만드는 것. 모든 인간에게는 나아갈 방향을 가리켜줄 내면의 나침반이 필요하다. 그리고 그 나침반은 바로 인간으로서의 존엄함을 인식하고, 개인의 삶을, 그리고 타인과의 공존을 만들어나가도록 우리를 이끌 것이다.

인간의 존엄에 대한 관념과 인식의 시작은 결국 우연에 의

한 것이 아니라 인간 스스로 만들어낸 복잡하고, 개관하기 어려운 세상 속에서 반드시 따라올 결과였다. 모든 문명은 어느 순간 한계에 이른다. 더는 과거의 방식이 통하지 않는 시기를 맞이하게 되는 것이다. 하지만 이 문제를 해결할 방법 또한 그 사회를 살아가는 인간, 그리고 세대를 넘어 진화를 이어갈 이들에게 있다. 이는 태초부터 인간이 지닌 생물학적 능력이자 잠재력이기 때문이다. 이는 인간만이 가지고 있는 특성에서 기인한다. 더 정확하게 말하자면, 인간의 뇌 구조와 그 기능 방식에 답이 있다.

인간의 뇌에는 인간으로서, 인간의 존엄에 대한 관념을 일깨울 수 있는, 더 나아가 일깨울 수밖에 없게 만드는 특수한 조건이 있다. 바로 인간 뇌의 거대한 개방성 그리고 그것을 통해 평생에 걸쳐 이어지는 뇌의 가소성이다. 여기에 대해서는 다음 장에서 자세히 다루도록 하겠다.

3장
지극히 인간다운 뇌

"이성 하나만으로 만들어진 나침반은 불완전하기에
우리를 목표가 안갯속으로 사라져버리는
뒤틀린 경로로 이끌 것이다."
— 아서 쾨슬러

뇌, 학습능력을 갖다

약 반 세기 전에 신경과학계에서는 인간 뇌의 특별한 성질을 밝혀냈다. 바로 뇌 가소성이라는 성질이다. 뇌가 플라스틱처럼 유연성을 가지고 변화한다는 것을 의미한다. 뇌 가소성의 발견은 지금까지 이루어진 과학적 발견 가운데 상당히 평가 절하된 축에 속한다. 이것이 우리 개인의 삶과 인류의 공존에 끼치는 영향력이 막대함에도 불구하고 말이다.

'뇌 가소성'은 나이가 들어서도 여전히 배움이 가능한, 인간의 거대한 학습능력의 토대가 되는 뇌의 성질을 말한다. 우리는 지금까지 인류가 일궈낸 모든 성과의 영광을 바로 이 뇌 가소성에 돌려야 한다고 해도 과언이 아니다. 인류의 발전 과정에서 우리 인간이 다른 사람, 아니 지구상에 존재하는 다른 생명체들에게 행한 모든 일에 대해서도 마찬가지다. 인류 문명은 인간이 가진 학습능력과 이를 통해 얻는 발견의 기쁨, 창조의 즐거움을 기반으로 형성되었기 때문이다.

동물의 계통발생 과정에서 뇌의 학습능력이 만들어진 것은 결코 우연이 아니었다. 동물 종의 뇌는 두뇌 발달과 행동을 갈수록 다양해지고 변화하는 세상에 적합한 방식으로 통제하기 위해서, 본래 엄격하게 굳어진 유전 프로그래밍을 유연화할 필요가 있었다. 앞으로 더 자세히 다루겠지만, 모든 뇌는 출생 이후 특정한 환경과 그 안에서의 경험을 기반으로 계속해서 신경망을 형성해간다. 이를 통해 본래 종이 지닌 특유의 행동 양식을 생존 환경의 변화에 맞춰 적응시킬 수 있다. 끊임없이 변화하는 세상에서 생존하기 위해서는 학습능력을 가진 뇌의 발달이 필수적이었기 때문에, 동물의 계통발생 과정에서 학습 두뇌가 개별적으로 다양하게 발달하게 된 것이다.

그중에서 학습능력이 가장 많이 진화하고 죽을 때까지 그 학습능력을 유지하는 영장류는 무엇일까. 그렇다, 바로 인간이다. 바로 이 거대한 학습능력 덕분에 우리는 끊임없이 지식과 능력을 새로 습득할 수 있으며, 동시에 그렇게 얻은 지식과 능력을 다음 세대에 물려줄 수도 있다. 뿐만 아니라 개인화된 공동체의 형태를 지닌 인간 사회에서는 개인이 습득한 지식과 능력을 해당 공동체의 구성원들에게 수평적으로 전파하고 영향을 주는 일이 가능하다. 처음에는 직접 보여주고 말로 설명하는 등 지식을 수직적으로 전파하는 데 그쳤다면, 이후에는 글로 쓰거나 인쇄 매체를 통해 기록되고 확산되었으며, 곧 기술 발전의 역사에 따라 라디오와 TV를 통해 수평적으로 퍼져나갔다. 오늘날 사람들은 대부분 인터넷을 통해 이와 같은 지식과 능력을 전수받는다.

　하지만 이처럼 수직·수평적으로 전파되는 것은 새로운 지식이나 능력, 인식, 발견에만 그치지 않는다. 개인이 직접 몸으로 체험한 것과 이 경험을 토대로 형성한 신념, 즉 인생에서 중요한 것은 무엇이며, 무엇이 인간을 인간답게 하는지에 대한 개인의 태도와 사고방식 또한 같은 방식으로 사회에 전파된다. 이렇게 전파된 일종의 견해는 해당 공동체의 구성원들에게 방향성을 제시한다. 그리고 또 이를 토대로 공동체의 구성원들은 자신과 세상을 이해하는 가치관과 사고방식을 만들어내고, 이를 각자의 행동, 태도, 자기 이해, 공존을 위한 기준으로 삼게 되는 것이다.

　상대적으로 작은 규모의 공동체에서 모든 구성원이 친분이 있던 과거에는 구성원들 사이에 감정적인 유대 관계, 즉 소속감이라는 연결고리가 있었다. 이러한 공동체 안에서는 일차적으로 내부적인 응집력을 강화하고, 외부 세력이나 위기, 불행, 자연재해, 전쟁으로 인한 위협에 공동으로 맞서게 하는 세계관이 존재했다. 그러나 주로 신화나 영웅담, 공동으로 수행하는 의식, 공동체에서 공유하는 가치, 규정, 법 등의 형태를 통해 전수되었던 이 관념은 매스미디어의 발전과 함께 그 전파의 양상도 달라졌다. 성공적인 공동체에 의해 발전한 신념이 매스미디어를 통해 이웃 공동체의 구성원들, 심지어 지리적으로 멀리 떨어진 다른 문화권의 공동체에까지 영향을 미치기 시작한 것이다. 이러한 과정을 통해 사람들이 자신들의 공동체 내에서 형성된 신념, 즉 그들이 중요하게 여기는 가치가 보편타당한 것이라고 믿기 시작할 때, 기이하고 때로는 극도로 위험하기까지 한 발전 양상을 보이기도 한다.

인간의 사회적 뇌

앞서 말했듯 인간의 뇌는 동물과 구조적으로 다르다. 대체로 동물은 개체에 맞는 신체적 특수성을 가지고 있어서 그 성질에 맞게 살아간다. 시내에 사는 송어로, 땅속 두더지로, 허공을 나는 독수리로 살아가면 그뿐인 것이다. 특정 감각이 뛰어나 그 감각만으로 뇌에서 일어나는 모든 일을 처리하고, 행동을 통제하는 개체들도 있다. 진드기의 경우가 그렇다. 진드기는 보지도 듣지도 못하지만 유산의 냄새를 구분할 수 있는 특수한 감각을 지니고 있다. 본능적으로 유산 냄새를 풍기는 포유동물을 찾아낸 진드기는 그 동물의 피를 빨아

먹는 것으로 살아간다.

무언가가 움직여야만 볼 수 있는 동물들도 있다. 개구리는 바로 이 특수성을 바탕으로 파리를 사냥한다. 반면에 초음파 영역의 미세한 소리를 감지하는 박쥐 같은 동물도 있다. 박쥐는 초음파를 내어 그 소리의 반향에 따라 빠른 속도로 날아가고, 그 와중에 칠흑 같은 어둠 속에서도 주변의 상황을 인지한다. 이런 동물들은 유전학적으로 정해진 특정한 뇌신경의 연결 패턴을 가지고 태어나, 이 연결 패턴에 의해 행동이 통제된다. 이들은 구태여 길게 '고민'할 필요가 없다. 태어난 이후 언제, 무엇을 해야 할지를 학습하는 능력도 없다. 특별한 지시나 훈련 없이도 같은 모양으로 거미줄을 만드는 거미들의 행동이 그 예다. 뻐꾸기 역시 어떻게 해야 '뻐꾹' 하고 울 수 있는지를 배울 필요가 없다. 청어가 무리를 지어서 이동을 하는 것 역시 본능에 의한 것이며, 잠복하고 있다가 먹잇감이 다가오면 덥석 물어버리는 악어의 행동 또한 주어진 행동 패턴을 따르는 것이다.

하지만 일부 조류와 포유동물의 경우, 개체의 뇌에 입력된 고유의 행동 패턴이 한동안 유연해지는 현상이 나타난다. 태어난 이후 특정 기간만큼은 이들의 뇌도 가변적인 성질을 지니는 것이다. 이를 통해 새끼들은 부모의 보호와 가르침 속에서 생존에 중요한 것이 무엇인지를 학습한다. 그리고 이 시기에 학습한 것을 통해 뇌신경 세포 안에 입력된 특정 연결 패턴이 이후의 행동을 결정한다. 새끼 멧돼지는 이와 같은 방식으로 야생 멧돼지로서의 행동 지식을 쌓아나간다. 만약 이 멧돼지가 집돼지의 젖을 먹고, 다른 새끼 집돼지들과 같은 우리에서 자란다면 어떻게 될까. 뇌신경의 연결 패턴이 형성되는 초기 단계에 야생 멧돼지의 이미지를 각인시켜줄 대상이 없기 때문에 집돼지처럼 행동하게 된다. 그러면 야생 멧돼지로 태어났어도 야생에서 생존하지 못할 것이며, 야생 멧돼지 무리에 섞이지 못해 짝을 찾고 새끼를 낳는 것도 불가능해지는 것이다.

멧돼지의 사례로만 보더라도 우리는 학습 두뇌가 양날의 칼이 될 수 있음을 분명하게 알 수 있다. 뇌세포의 연결 패턴이 견고하게 고정되어 있다면, 아마 멧돼지는 대도시를 자신이 살아가야 할 환경으로 받아들이거나 우리 안에서 다른 집돼지들과 조화롭게 살아가지 못했을 것이다. 하지만 멧돼지의 뇌는 학습능력을 가지고 있다. 반대로 말하면 그렇기에 멧돼지가 진정한 멧돼지가 되려면 '멧돼지에 걸맞은' 환경이 있어야 한다. 야생에서였다면 본래의 모습을 찾아내겠지만, 인간에 의해 키워졌다면 도시 환경에서는 도시 멧돼지가, 우리 안에서는 집돼지가 된다는 의미다. 겉모습은 야생 멧돼지이지만, 인간이 살아가는 도시와 그 삶의 조건에 맞게 뇌가 구조화되어 더 이상 야생 멧돼지처럼 행동하지 않게 되는 것이다.

만일 이들 멧돼지에게 "이와 같은 조건 속에서 스스로 무엇이 되었다고 생각하는가?"라고 질문할 수 있다면 뭐라고 대답할까? 만일 멧돼지가 자신들에게 어떤 일이 일어났는지 이해할 수 있다면, 아마도 이렇게 대답하지 않을까? "우리는 인간의 의도에 따라 만들어진 세상 속에서 그들이 원하는 멧돼지가 되었습니다." 우리의 생각대로 키우고 기르는 반려동물들도 마찬가지다. 그들은 개인의 의도에 따라 자라난 생명체들이다. 그렇다면 우리 인간은 어떨까? 누가 혹은 무엇이, 오늘날의 우리를 만들었단 말인가.

무엇이 인간을 인간답게 하는가. 우리는 오늘날까지도 이 질문에 대하여 인간 모두에게 공평하게 적용되고, 모두가 받아들일 수 있는 답을 찾아내지 못했다. 어쩌면 오히려 인간다움을 점차 상실해가는 방향으로 흘러갔다. 헝가리 출신의 영국 작가 아서 쾨슬러Arthur Köstler가 지난 세기 두 차례의 세계대전이 불러온 공포를 두고, "진화의 그릇된 방향"이라고 표현한 것은 이 때문이었다. 전쟁을 겪기 전, 서구 기독교 문명에서는 수세기에 걸쳐 스스로를 최고의 창조물로 여겼다. 1930년대 이후로는 인간을 일종의 컨테이너로 취급하며 복제와 조합을 통해 자기본위自己本位의 유전자를 최대한 많이 전파해야 한다는 분자생물학자들의 주장이 큰 힘을 얻기도 했다. 하지만 오늘날에 이르러 일부 환경운동가들은 인간을 오히려 생명 진화의 오류이자, 지구를 신음하게 하고 파괴하는 생명체로 정의하고 있다.

인간다움에 관한 깊은 이해

때로 인간은 새로운 세계를 탐험하고 개척하는 탐색자 정도로 정의되기도 한다. 하지만 이러한 정의에 따르면 우리는 끊임없이 길을 잃을 위험 속에 살 수밖에 없다. 인간의 뇌는 동물들보다 훨씬 가변적이기 때문이다. 인간은 성장기 뇌의 발달 단계에서뿐 아니라 평생에 걸쳐 새로운 경험들을 토대로 뉴런이 연결되고 회로 패턴이 형성된다. 그리고 인간은 지금까지의 발전 과정을 통해 우리가 사는 세상을 우리의 관념에 따라 만들어가는 법을 배웠다. 물론 반대로 인간의 뇌는 가변적 성향 때문에 우리의 경험을 기반으로 형성되고 고착된 패턴을 가지게 되었고, 인간이 만들어낸 세상에 적응할 수 있도록 구조화되기도 했다. 그리고 이와 같은 적응 방식이 옳지 않다는 판단이 들 경우에는, 어떤 방법이 더 나을지를 고민하고 이를 다시 실행에 옮겼다. 이렇게 인류의 역사가 이어졌다.

글로벌 디지털 시대에 이르러 서구 문명이 규정지은 가치관은 빠르게 전 세계로 번져가고 있다. 개발도상국의 국민들은 서구 사회를 흠모하며 그들처럼 살기를 원한다. 이들은 서구적 삶의 방식을 넘어 서구 경제체제를 기반으로 한 가치관마저 따른다. 경쟁이 없이는 발전도 없다는 확신을 가지고, 타인이나 자연에 대한 침해는 아랑곳하지 않고 자신들의 이익만을 위해 달려가고 있는 것이다. 이들은 끝없는 경제 성장의 이데올로기를 따르며, 과학 기술의 혁신이 가져올 축복을 맹신한다. 개발도상국들은 선진국이 자신들의 윤택한 삶을 위해 아웃소싱한 일종의 생산 공장이 되어 심각한 환경오염에 시달리고 있다. 세계보건기구WHO의 2014년 발표에 따르면 전 세계 700만 명이 매년 대기오염으로 사망한다. 특히 개발도상국 및 중진국의 사망률이 고소득국가의 다섯 배 이상 높다. 하지만 맹목적으로 경제 성장을 좇는 그들은 지구도, 스스로도 파괴하고 있다는 것을 보지도

우리에게 필요한 것은
지금과 같은 가치관을 유지하며
지금처럼 살아갈 새로운 공간이 아니라,
우리를 인간답게 만들어주는 것이 무엇인지에 대한 깊은 이해다.

깨닫지도 못할 것이다.

만약 인간이 파괴된 지구를 떠나 다른 행성을 찾아 그곳으로 이주하게 된다면 상황이 달라질까? 그럴 리 없다. 지금과 같은 가치를 추구하며 살아가는 한, 그 행성 또한 머지않아 지구처럼 살 수 없는 곳이 되어버릴 테니 말이다. 다시 말해 지금 우리에게 필요한 것은 지금과 같은 가치관을 유지하며 지금처럼 살아갈 새로운 공간이 아니라, 우리를 인간답게 만들어주는 것이 무엇인지에 대한 깊은 이해다.

하지만 그것은 어떻게 가능한가? 그토록 뛰어난 학습능력을 가지고도 우리는 이 질문에 대한 답을 찾을 수 없었다. 아마 우리가 여태까지 지켜온 신념에 따라, 지금의 방향성 그대로 살아가는 한 영영 찾을 수 없을 것이다. 모든 개인과 사회에게는 지금과 다른 이상을 가지고 다른 세상을 만들어낼 기회가 충분히 있었다. 시대와 지역을 불문하고 이를 시도한 사람들이 있었다. 이 세상에 인생에서 가장 중요한 가치가 무엇인지, 무엇이 인간을 인간답게 만드는지에 관하여 그토록 많은 견해들이 존재하는 것은 바로 이 때문이다.

하지만 자신의 이상과 신념에 따라 성장을 도모하며 자기 이해를 이룬 사람은 자신이 지닌 시각과 자아상, 인생관이 가지고 있는 한계를 인지하기가 쉽지 않다. 그것은 한 개인으로서도 어려운 일이며, 같은 가치를 공유하는 한 사회의 구성원으로서는 더 쉽지 않은 일이다.

그렇다면 개인의 신념이 가진 한계를 극복할 수 있는 방법은 무엇일까? 첫 번째 방법은 바로 '실패'다. 지금까지의 인생관과 그에 따른 자아상이 와르르 무너져내리는 깊은 고통을 겪고 나면, 지금까지 보지 못한 다른 것을 볼 수 있는 눈이 생기기 때문이다. 그렇게 되면 지금까지 옳고 타당하다고 여겼던 이상과 신념의 한계를 인식하게 되고, 나아가 더 포괄적이고 생산적인 새로운 방향을 찾아나설 것이다. 하지만 대부분의 실패는 그 고통의 정도가 그리 심하지 않다. 그래서 그 고통을 허용하지 않거나, 모른 척 해버리고 만다. 물론 지금까지 가지고 있던 신념이 하루아침에 모조리 충격적으로 무너지는 경우도 드물다. 지금까지 살아온 대로 앞으로도 살아도 된다고 생각하는 한, 대부분의 사람은 오히려 지금까지 가지고 있던 신념을 보다 효율적이고 보다 지속적으로 강화하고, 그에 따라 행동하려고 더욱 노력할 것이다.

실패보다 더 효과적이고, 한 개인이 형성한 이상과 세계관의 한계를 뛰어넘을 수 있는 두 번째 방법은 다른 사람과의 '만남'이다. 그 만남을 통해 자신의 신념과는 다른 낯선 신념을 마주할 수 있기 때문이다. 인간은 완전한 타인을 만나면서 자아상과 세계관을 확장하고, 비로소 자신의 신념을 절대적인 것이 아닌 상대적인 것으로 볼 수 있는 눈을 갖게 된다.

자신의 세상과 선택이 틀렸음을 인정해야만 하는 실패의 고통, 그리고 타자와의 만남에서 낯선 신념을 마주함으로써 자신의 사고방식과 이상에 의문을 제기하는 일, 이는 인류 역사를 관통해온 인간의 근본적인 물음이었다. 그리고 지난 세기, 타인을 희생시키면서까지 하나의 신념을 밀어붙이려는 전체주의적 통치는 힘을 잃었다. 전쟁과 억압을 통해 전체주의적 세계관과 자아상을 주입시키려는 끔찍한 시도들도 결국에는 실패로 끝나고 말았다. 수많은 이를 죽음으로 몰아넣고도, 사람들이 만나고 서로 다른 생각을 나누는 행위를 영원히 막을 수는 없었던 것이다.

21세기 가장 시급한 과제

다른 수원지에서 흘러나온 시내와 강이 마침내 서로 만나 하나의 거대한 대양을 이루듯, 인류의 역사는 서로 다른 사회 속에서 형성된 자아상과 세계관이 서로 만나고 확장하는 가운데 이어져왔다.

자신의 세상이 틀렸음을 인정해야만 하는 실패의 고통,
그리고 타자와의 낯선 만남을 통해
자신의 사고방식과 이상에 의문을 제기하는 일.

그러나 21세기에 이르러 인류 역사 전반에 걸쳐 이어져온 이 현상이 특히나 극명하게 나타나고 있다. 출신이 다르고, 경험이 다르고, 역사에 따른 문화적 차이에도 불구하고, 인간을 하나로 엮어주는 것이 과연 무엇인가에 대한 근본적인 질문을 던지기 시작한 것이다. 개인의 차이를 뛰어넘어, 아니 더 나아가 그 차이 덕분에 보편적으로 공유할 수 있는 관념. 그 어떤 사상이나 종교로도, 윤리 혹은 도덕적 가치로도 대체할 수 없는 것. 바로 인간의 존엄성에 대한 각자의 경험만이 서로 다른 개인을 하나로 엮어주는 공통의 관념이 될 수 있다. 우리 안에 있는 지극히 인간다운 무언가를 찾아내는 것, 그것이 바로 21세기의 가장 시급한 과제다.

다행히도 최근 정신과학 분야뿐 아니라 자연과학계에서도 이를 뒷받침하는 연구결과를 꾸준히 보이고 있다. 참으로 반가운 일이다. 인간의 자기 이해에 바탕이 되는 가장 중요한 인식은 바로 인간이 사회적인 동물이라는 사실이다. 우리는 이를 모르지 않는다. 인간은 메뚜기나 물고기, 새처럼 떼를 지어 다니는 군서群棲동물이 아니다. 인간의 공동체는 벌레나 벌거숭이두더지쥐가 만든 공동체와는 근본적으로 다르다. 인간 공동체는 늘 개별적인 공동체이며, 이는 영장류의 특징이기도 하다.

공동체를 조직하는 데에는 특정 수준 이상으로 복합적이면서도 학습능력을 최대한 오래 유지할 수 있는 뇌가 필요하다. 뿐만 아니라 공동체의 구성원 모두가 인지하고 있는 한 가지에 주의력을 집중시키는 능력도 있어야 한다. 이는 단순히 외부에서 일어나는 의심스러운 혹은 위험한 변화를 함께 인지하는 것만을 의미하지 않는다. 사회성을 가진 동물들은 모두 이 능력을 가지고 있기 때문에 특별한 능력이라 할 수 없다. 특정한 행동 패턴이나 소리, 냄새 같은 신호로 경고를 알리고 위험 상황을 공유하는 능력은 개별화된 영장류 사회의 구성원들도 모두 가지고 있다.

한 걸음 더 나아가, 영장류는 다른 구성원이나 다른 행동을 하는 누군가가 있을 때 그 개체의 행동을 주의 깊게 관찰할 수 있다. 흥미롭게 여기는 것이다. 영장류는 특정 구성원을 주시하고 있다가 그가 기가 막힌 아이디어를 떠올리고 다른 구성원들 앞에서 시범을 보이면, 그것이 흥미롭고, 유익하며, 매력적일 경우 이내 모두가 그것을 따라하기도 한다. 사회적 학습은 바로 이렇게 진행된다. 이와 같은 방식으로 한 구성원이 습득한 지식과 능력이 개별화된 공동체에 전파되는 것이다. 바로 이 특성이 인간만이 갖는 공동체 조직의 능력이다.

그리고 이러한 공동체 속 개별화된 내부 조직은 소속감과 자율성이라는 인간의 두 가지 욕구, 그리고 아마도 다른 영장류들의 욕구를 충족시키는 데도 매우 적합하다. 이와 같은 조직을 가진 공동체에서는 구성원 하나하나가 의미를 갖기 때문이다. 이러한 공동체 안에서 모든 개인은 고유하므로 중요하게 여겨지며, 구성원 각자가 유익한 발견을 할 수 있는 존재로 여겨진다. 하지만 이러한 발전이 계속해서 개개인에게서부터 시작되는 사회에서는 모든 구성원을 하나로 엮어줄 연대감이 반드시 필요하다. 그렇기 때문에 이런 조직에서는 구성원 모두가 서로에게 관심을 기울여야 한다.

인간 사회에서는 새로운 발견이나 혁신, 능력뿐 아니라 무엇보다 개별 구성원에 의해 형성되어 다른 구성원들에게 유익하다고 인정받은 신념까지도 전파된다. 때로 그러한 신념은 선한 영이나 악한 영이 있어서 그것을 불러오거나 좇아낼 수 있다는 종교적 믿음으로 강화되기도 한다. 이는 구성원들 간의 연대감을 강화하는 이념이 될 수도 있으며, 개인이 가진 유일무이함을 인식할 수 있도록 돕는 정체성일 수도 있다. 그리고 모두가 공통으로 지닌 관심사를 묘사하는 것일 수도 있다.

이처럼 시대마다 지역마다 인류는 언젠가 형성된, 한 개인으로부터 발전되어 사회에 전파되고 모든 구성원들이 공유하게 된 관념을 따라왔다. 그리고 이는 다시 다른 관념, 즉 그 사이 변화된 환경을 고려하여 더 낫다고 여겨지는 관념으로 대체되고는 했다. 사회가 몸집을 불릴수록 그 영향력이 커지면서 자본주의 혹은 공산주의, 파시즘, 나치즘과 같은 이데올로기로 발전한 관념들도 있었다.

잘못된 생존 전략

하지만 서로 다른 인간 공동체가 특정 기간에 걸쳐 쌓아온 관념, 무엇보다 모순되고, 양립할 수 없을 때가 많은 이 가치관이나 신념들 사이에는 근본적인 공통점이 존재한다. 이같은 관념들이 하나같이 본래 인간이 지닌 뇌 조직과 뇌의 기능에서부터 발전했다는 점이다. 예를 들어 인간의 이기심은 살아가면서 경험한 자율성이라는 본능이 강력하게 표출된 것이다. 반면 사랑이나 이타주의 같은 관념은 공동체 안에서 느낀 연대감을 바탕으로 형성된다. 이처럼 인간의 관념은 이 세상 속에서 자신을 표현하고, 자신의 위치를 설명하고자 하는 사회 구성원에 의해 형성되며, 그 기저에는 개인의 경험이 있다.

개인이 과거에 겪은 경험들은 앞으로의 개인적·사회적 경험들을 통해 끊임없이 재현된다. 그 과정에서 더 이상 사용하지 않는 신경망들은 위축되고, 자주 활성화시키는 경험과 행동 패턴들은 점점 강해지면서 신경망 패턴의 형태로 뇌 안에 구조적으로 저장된다. 인간의 뇌는 어떤 문제가 발생하면 뇌의 감정 중추가 활성화되면서 혼란을 일으키게 되는데, 뇌의 활동이 일관된 상태에서 멀어지면 이를 안정시키도록 도와주는 무언가를 필요로 하게 된다. 그 과정에서 활성화된 신경망들은 더욱 확장되고 강화된다.

일반적으로 말하자면 삶의 중요한 의미를 찾는 과정에서 발견한 해결책들을 기반으로 뇌가 구성되는 것이다. 만약 그 과정에서 보호와 소속감은 물론 개인의 창의력과 자기 신체에 대한 자율성을 동시에 경험한 사람이라면, 그 경험의 강도가 클수록 그것이 뇌에 더 깊게 뿌리를 내리게 된다. 이런 기본적인 욕구들은 뇌 안에 단단히 고정되어 자기 존엄성을 인식할 가능성도 더 높아진다.

다시 말해, 존엄이라는 관념은 인간에게만 주어진, 인간 뇌의 조직과 기능 방식에 근거를 두고 있는 하나의 '표상'으로 정의할 수 있으며, 분명하게 의식할 수 있는 성향인 것이다.

이를 깨달았다면 또 하나의 질문에 답을 해야 한다. 왜 우리는 오늘날까지도 (그 모든 발전 과정에서 서로에게 고통을 주고도) 여전히 자신의 존엄과 타인의 존엄을 해치지 않는 삶과 공존에 이토록 무능하단 말인가.

여기에 대해서도 생물학적인 설명이 가능하다. 결국 이는 생존의 문제, 일차적으로는 나 자신의 생존의 문제이기 때문이다. 인간은 언제나 생존의 위협에 노출되어 있다. 아침에 집을 나서서 저녁이 되어 돌아올 때까지, 다친 곳 하나 없이 무사히 돌아올 것이라고 확신할 수 있는 사람은 아무도 없다. 안전하게 집에 돌아왔다 해도 집에 화재가 발생하거나, 도둑이 들거나 할 가능성도 배제할 수 없다. 연인이 이별을 결심하고 집을 나갔을 수도 있다. 자신이 혹은 가족 중 한 사람이 불치병이라는 진단을 받았을 수도 있다. 그렇게 된다면 우리의 인생은 의미를 잃고 공허해지고 말 것이다. 이뿐인가. 인생을 살아오면서 형성한 이상과 가치관, 자신의 뇌에 깊게 뿌리 내린 인식을 변화시키는 것만으로 이와 같은 감정을 겪는 사람들도 있을 것이다. 이는 마치 파멸과도 같은 것이다. 인간은 누구나 자신의 인생을 흔들고, 심지어 위협하는 사건 앞에 해결책을 찾아야 한다.

문제는 이렇게 찾은 해결책은 단기적인 해결에 불과하다는 것이다. 더욱이 해결이 시급한 위기 상황에서는 급한 불을 먼저 끄는 것이 장기적인 해결책보다 더 효율적인 것처럼 보인다. 만일 누군가의 배우자가 이혼을 요구했다거나, 그 사람을 두고 떠났다면 보드카 한 병으로 이 문제와 그로 인한 고통을 털어버릴 수는 있을 것이다. 그러나 장기적으로는 앞으로의 부부생활이 더 위태로워질 수 있다. 다만 당장에 이 문제는 그리 중요하지 않다. 어쨌거나 술 덕분에 문제를 잊을 수 있었고, 뇌가 느끼는 위기의 강도도 조금은 낮아진 듯 보이니까.

이웃 사회의 공격을 받는다는 느낌이 들 때 인간 사회는 과연 어떨까. 인간도 동물들과 별반 다르지 않다. 일단 맞서 싸워 상대를 물리치면 그만이다. 그렇게 하면 모든 것이 안정을 되찾고 다툼과 소란에 더 이상의 에너지를 소비하지 않아도 된다. 하지만 장기적으로도 그럴까. 싸움에 진 이웃이 더 강력한 무기를 가지고 돌아온다면? 물론 상황은 더 악화될 것이다.

이제 우리가 처음에 던졌던 질문으로 돌아가보겠다. 존엄하지 않은 행동은 단기적으로 볼 때 성공적인 전략처럼 보인다. 하지만 장기적인 관점에서는 문제가 해결되었다고 볼 수

없다. 오히려 그 반대다. 존엄하지 않은 행동으로 인해 문제가 더 커지는 경우가 대부분이기 때문이다.

전 세계에서 발생한 문제들을 장기적이고, 지속적으로 해결할 방법을 찾는 것은 한 개인으로서도, 한 사회로서도 결코 쉬운 일이 아니다. 개인의 생존과 사회의 안전을 단기적으로는 물론 장기적으로까지 보장해줄 방법은 과연 있을까? 우리가 사는 세상이 지금보다 더 거대해서 그에 비해 그 속에서 살아가는 인간이 야기하는 문제 역시 위협으로 느껴질 정도가 아니라면, 우리는 장기적인 해결책을 찾아나설 필요도 없을 것이다. 오히려 모든 사람이 단기적 해결책 덕분에 지금보다 더 큰 성공을 거둘 것이고, 먼 미래에 맞이하게 될 결과 따위는 신경 쓰지 않고 망설임 없이 자기 생각을 실행에 옮길 수도 있으리라.

바로 이 단기적인 성공을 약속해주는 전략이야말로 인간 개인과 인간 사회가 지금까지 각자의 인생을 살면서 공존을 이어온 방식이었다. 그와 같은 방식으로 인류는 꽤 오래 버텼다. 하지만 그 끝은 언제나 비참한 전쟁이었으며, 자원에 대한 무분별한 약탈, 비인간적인 착취와 억압이었다. 심지어 오늘날 전 세계는 쓰레기로 뒤덮였고, 기후 변화가 인간을 위협하고 있으며, 살길을 찾아 나선 난민들의 행렬이 끊이지 않고 있다. 인간이 단기적인 해결책으로 무마했기 때문에 발생한 장기적인 문제들이 지금, 21세기에 이르러 더 이상은 간과할 수 없는 비참하고 자기 파괴적인 현실을 낳은 것이다.

바로 이러한 모멸의 시대, 이제 방법은 하나밖에 없다. 개인의 행복한 삶과 모두의 공존을 장기적으로, 지속적으로 지켜줄 관념을 따라가는 방법뿐이다. 하지만 그 전에 우리는 먼저 우리의 근시안적 태도가 얼마나 위험한 것인지를 직접 경험하게 될 것이다. 그것도 전 세계적으로 말이다. 그렇기 때문에 이는 오랜 시간이 걸리는 일이 될 것이다. 우리가 진지하게, 장기적으로 지속가능한 공동의 방향성을 찾을 때까지 말이다.

4장
사회적 뇌, 존엄을 배우다

"그대 자신의 고결함이 그들의 고결함을 일깨우게 하라.
그들의 무가치함은 결코
그대의 목적을 파괴하지 못할 것이다."
— 프리드리히 폰 실러

에너지의 최소화와 최적화

존엄성과 뇌라니, 얼핏 봐서는 연관성이 없는 듯하다. 하지만 우리 인간이 존엄한 인생에 대한 신념, 표상을 형성하고, 그를 토대로 각자의 인생과 삶의 태도를 만들어가는 모든 과정은 앞서 간단히 언급했듯 열역학 제2법칙과 관련이 있다. 열역학 제2법칙이란, 에너지가 자연의 모든 현상에 고르게 분배된다는 논리다. 이 논리에 따르면 모든 생명체는 스스로 질서를 만들어내는 자기 조직화의 능력을 가지고 있어야 한다. 엔트로피, 즉 무질서도를 낮춰야 생존을 위한 에너지를 공급받을 수 있고, 자기 조직화의 능력이 뛰어날수록 생존 가능성도 높아지기 때문이다. 여기서 내부 조직의 질서를 유지하는 데 소비되는 에너지의 양이 적을수록, 조직의 해체를 극복할 가능성도 높아진다.

바로 이 열역학 제2법칙을 통해 우리는 인간 뇌가 기능하는 방식과 구조를 결정하는 기본적인 원리를 도출할 수 있다. 이 원리는 매우 흥미롭다. 근본적으로 우리 뇌가 하는 일은 혈액을 통해 전달되는 포도당과 산소 형태의 에너지를 보다 효율적으로 사용하는 것이라고 할 수 있다. 가용할 수 있는 에너지의 양은 한정적이고, 그 이상의 에너지를 소비하지 않기 위해 작업 방식을 조절하는 것이다. 이는 비단 우리 뇌에만 적용되는 문제가 아니다. 살아 있는 조직이라면 반드시 해결해야 할 근본적인 문제다. 모든 생명체는 내부적인 질서를 세워 해당 시스템의 에너지 소비를 최소화할 수 있는 구조를 만들어야 한다. 그래야 생존을 유지할 수 있기 때문이다. 여기에 실패하는 조직은 결국 무너지고, 그 조직이 가지고 있던 에너지는 다시 균일하게 자연계에 분산된다.

하지만 이 기본적인 원리 때문에 인간의 뇌에 문제가 발생한다. 우리 뇌는 휴면 상태, 즉 아무 것도 하지 않고 아무런 생각조차 하지 않을 때에도 이미 가용 가능한 에너지의 20퍼센트를 사용하기 때문이다. 이는 결코 적지 않은 양이다. 심지어 우리가 생각하기를 시작했다거나, 해결해야 할 문제가 생겨 갈등 상황에 처했거나, 새로운 무언가를 배우는 것만으로도 에너지 소비량은 급격하게 치솟는다. 다시 말해, 인간의 뇌는 이와 같은 일들을 선호하지 않는다는 소리다. 이러한 상황 앞에 가장 먼저 나타나는 것은 '감정의 변화'다. 그리고 감정 변화는 결과적으로 인간의 몸에까지 영향을 주어 우리를 지치게 만든다. 이는 뇌의 입장에서 매우 불편한 현상이다. 우리가 가급적 이와 같은 상황들을 피하려고 하는 이유도 여기에 있다.

다행인 것은, 우리 모두가 문제 상황을 피하는 방법을 제대로 터득하고 있다는 사실이다. 감정의 억압, 기분 전환, 분열뿐아니라, 일부러 귀를 막고 눈을 닫아 차단하고 부정하기까지 가능한 모든 전략을 활용한다.

하지만 우리가 의도하든 의도치 않든 우리의 뇌는 스스로 에너지 소비를 최소한으로 유지하기 위한 작업을 한다. 뇌의 내부 질서가 혼란스러워지면 뇌도 정신을 바짝 차리고 해결책을 찾으려 한다. 그리고 그 과정에서 엄청난 에너지를 소비하게 된다. 해결책을 찾으면 즉시 뇌의 혼란 상태는 안정화되며 비로소 에너지 소비를 낮출 수 있게 된다. 그 해결책 중에서도 가장 흥미롭고, 효과가 있는 방법은 뇌 기능의 원리이기도 한 '단순화' 작업이다. 이는 우리 몸의 다양한 단일 행동과 반응을 조화롭게 조정하기 위해 상위의 패턴을 형성하고, 자동화시키는 과정을 의미한다. 어려운 말 같지만, 이는 사실 우리 모두가 알고 있는 개념이다.

예를 들어보겠다. 우리는 모두 걸을 수 있다. 이는 저절로 되는 일이다. 무의식적으로, 굳이 생각하지 않아도 걸을 수 있다. 하지만 처음 걸음마를 배울 때만 해도 이는 매우 힘든 일이었고, 많은 에너지를 소비하는 일이었다. 하지만 이제는 자동으로 된다. 더 이상 에너지를 소비할 필요도 없다. 걸음

마를 배우는 시기에, 걷는 행위를 위해 필요한 각각의 반응과 근육에 대한 하나의 표준, 즉 내적 표상이 만들어졌기 때문이다. 반응과 행동을 효율적으로 조합하고 조절할 수 있게 된 것이다. 걸어야 할 일이 있을 때 상위의 패턴을 불러오기만 하면 끝이다. 자 그럼, 출발. 아마도 이제는 때로 원하는 곳을 지나쳐 갈 정도로까지 걷는 행위가 자동화되었을 것이다. 분명 이 자동화 시스템은 에너지를 절약해줄 것이다.

생존 전략으로서의 일관성

이처럼 우리의 뇌는 수많은 단일 움직임들을 조정할 목적으로 상위의 행동 패턴을 만들어내고, 에너지 소비를 최소한으로 줄이기 위해 우리의 행동을 조정한다. 우리가 '사고방식', '태도'라고 일컫는 것이 바로 그것이다. 한 개인이 지닌 삶의 태도는 인생을 살아오면서 해온 경험을 기반으로 형성된다. 이 사고방식과 태도는 우리의 전두엽에 복잡한 구조로 얽히고설켜 뿌리를 내린 채, 우리가 무엇을 말하며, 어떤 행동을 하고, 무엇에 관심이 있고 무관심한지, 다시 말해 우리 각자에게 중요하고 흥미가 있는 것이 무엇인지, 특정한 환경에서 어떤 입장을 취하는지를 정하는 결정적인 요소로 작용한다.

이와 같은 태도 역시 자동으로 나타나는 뇌의 여러 반응 가운데 하나다. 특정한 상황에 처할 때마다 매번 그에 적합하고 현명한 행동 패턴이 무엇인지 고민하는 것보다, 일관된 행동으로 이끄는 태도를 지니는 편이 에너지 소비가 적기 때문이다. 탐험을 좋아하는 것도, 개방적인 것도, 창의적인 활동을 좋아하는 것도 결국은 한 사람이 가지고 있는 태도다. 질투나 욕심, 불쾌감도 마찬가지다. 한 사람의 내면에 형성된 태도는 측정이 불가능하지만, 그 태도에서 비롯된 행동 패턴, 즉 한 사람이 무엇을 말하고 어떤 행동을 하느냐에 따라 추측할 수 있다.

흥미로운 것은, 이와 같은 사고방식과 태도 역시 우리 뇌에 뿌리를 내린 상위 행동 패턴에 따라 조정되고 형성된다는 사실이다. 물론 이 또한 유년기에 이루어지는 과정이다. 이를 '자아상'이라고 표현한다. 넓은 의미로 자아상이란 한 사람이 어떤 존재인지를 결정하는 개념으로, 이와 동시에 한 사람이 어떤 존재가 되기를 원하는지, 어떠한 삶의 방향을 따르고 있는지, 어떤 가치를 토대로 결정을 내리는지를 나타내는 개념이기도 하다.

이를 과학적으로는 일관성Consistency이라고 한다. 이는 비단 태도도 자동으로 나타나는 뇌의 반응 중 하나다.
탐험을 좋아하는 것, 개방적인 것, 창의적 활동을 좋아하는 것도
뇌가 에너지 소비를 최소화하기 위해 만든 행동 패턴이다.

인간의 뇌뿐 아니라 생명력을 가진 모든 시스템, 즉 모든 세포와 생태계, 모든 인간 사회가 추구하는 것이기도 하다. 일관성은 모든 존재가 마찰 없이 최대한 잘 어우러지는 상태를 의미한다. 일관성이 유지되면 내적 질서를 만들기 위해 소요되는 에너지도 최소한으로 줄일 수 있다. 반면 자신이 어떤 존재로 살아가고 싶은지 기준을 만들어내지 못한 사람은 내적 질서를 세울 방향성을 갖는 데에도 실패할 수밖에 없다. 결국 그 사람이 생각하고 행동하는 많은 것이 뇌와 일관성을 유지하지 못하게 되는 것이다. 이는 자연스럽게 무질서를 낳을 수밖에 없으며, 필연적으로 에너지 소비량이 증가하는 결과를 낳는다.

행동의 지표가 되어주고 방향성을 제시하는 자아상을 형성하여 복잡성을 줄이는 것, 이는 우리 뇌가 가진 본연의 능력이다. 이는 결코 관심이 있거나 시간을 낼 수 있을 때만 가질 수 있는 사치스러운 정신적 능력이 아니다. 인간의 뇌는 매우 개방적인 성향을 가지고 있어서, 우리가 인지하고 생각하고 상상하는 것 또한 다양해질 수밖에 없다. 행동하는 능력과 창조하는 능력, 더 나아가 관계를 맺는 능력 또한 마찬가지다. 아이러니하게도 이 뇌의 개방성 때문에 뇌는 일관성이 무너지는 상황에 노출되기 쉽고, 이 수많은 상황들 앞에

저항력을 잃기도 쉽다.

앞서 말했듯 동물들과 달리 인간은 폐쇄적 구조나 타고난 행동 패턴, 특화된 인지 능력, 정해진 태도를 갖고 있지 않다. 무릇 모든 생명은 외부에서 받는 영향이 적을수록, 행동의 범위가 한정적일수록 불일치의 상태에 빠질 가능성이 낮아진다. 하지만 내부 조직의 불일치 상황이 결코 많지 않다면 적합한 반응이나 행동을 통해 이 방해 상황을 해결할 필요도 없을 것이다. 또한 끊임없이 일관성을 위협하고, 불일치를 야기하는 과제와 마주치지 않는다면 새로운 것을 배울 필요도, 발전을 이어갈 수도 없을 것이다.

끊임없이 변화하는 세상 속에서는 동물처럼 제한적인 인지와 사고, 능력만으로는 장기적인 해결책을 마련할 수 없다. 인간은 오히려 구분되는 능력이나 뛰어난 감각을 갖지 못했기 때문에 변화하는 환경에 따라 계속 진화하는 것만이 유일한 생존의 방법이 된다. 생존을 위해서는 변화에 개방적이어야 한다. 평생 학습할 수 있는 뇌가 우리 인간에게만 주어진 것도 바로 이 때문이다. 하지만 동시에 인간이 가진 힘과 도구만으로 이처럼 끊임없이 도전하는 불일치의 상황을 이겨낼 방법도 필요하다. 인간 뇌의 개방적인 특성 때문에 필연적으로 만나게 될 수많은 자극과 선택의 상황에서도 길을 잃지 않을 수 있는 방법이 필요한 것이다. 사실 이는 동물들이 먼저 찾고, 걸어간 길이기도 하다. 학습능력이 뛰어나지 않은 동물들도 상위 패턴과 행동 양식의 활성화를 통해 복잡성을 줄여왔기 때문이다.

하지만 동물들의 한계는 거기까지다. 동물은 인간과 달리 스스로에 대한 표상, 즉, 나는 누구이며, 어떤 방향으로 함께 나아가길 원하는지, 그 방향성을 제시해줄 정체성까지는 만들어낼 수 없기 때문이다. 만일 우리의 선조들이 이 능력을 갖지 못했더라면, 그래서 우리 후손들에게 이 정체성을 유산으로 남겨주지 않았더라면 우리는 결코 살아남지 못했을 것이다. 자유 속에 방치된 채, 방향성을 잃고 오래 전에 멸종하고 말았으리라.

패턴으로서의 정체성

우리가 지금까지 파멸을 피할 수 있었던 것은 실수를 통해 배우고, 인간 스스로가 책임져야 할 잘못된 발전의 과정을 바로잡을 능력을 가졌기 때문이다. 아니, 열역학 제2법칙의 이론을 토대로 본다면, 인간이 가진 개방성과 자유라는 고유의 특성에 기인해 발생할 수밖에 없는 불일치의 상태들을 진화와 학습, 능력 개발을 통해 일관성의 상태로 변화시키고, 에너지를 최소화하는 데 성공한 덕분이라고도 할 수 있을 것이다. 우리는 이를 매일 경험하고 있다. 우리의 삶에는 우리를 방해하거나 기대에 부응하지 않는, 우리 뇌를 불일치의 상태로 몰아넣는 일이 언제나 존재하기 때문이다. 이 상태에서는 결코 안정을 느낄 수가 없기 때문에 우리는 새로운 문제에 대한 해결책을 찾아나선다. 해결책을 찾으면 불일치 상태는 다시 일관성의 상태를 되찾는다.

일관성의 상태를 되찾을 때 인간의 중뇌中腦에서는 신경가소성을 지닌 화학 물질들을 배출한다. 이 화학 물질들은 일종의 거름과 같은 역할을 하며 신경세포 돌기의 성장을 돕고, 문제를 해결하기 위해 활성화된 모든 뇌 영역에서 새로운 신경망이 형성될 수 있도록 자극한다. 이렇듯 우리가 하는 모든 행동, 불일치의 상태를 다시 일관성 있는 상태로 바꾸는 데 기여하는 (그를 통해 에너지 소비를 최소화하려는) 모든 것은 계속해서 확대되고, 강화되고, 고착화된다.

이는 신념, 표상의 형성 과정에도 똑같이 적용된다. 표상 역시 복잡한 뉴런 연결 패턴의 형식으로 전두엽에 형성되어 뿌리를 내리는데, 이는 개인의 경험을 통해 뇌에 저장되는 모든 것이 서로 조화를 이루게 만드는 역할을 한다. 만일 우리가 새로운 무언가를 경험했다고 가정해보자. 이는 어떻게든 과거에 경험하고 배운 것, 자기 것으로 만든 정보에 추가되고 통합되어야 한다. 결국 새로운 경험은 우리의 전두엽에 형성되어 있는 자아상 형태의 경험에 추가되고 연결된다.

아이들은 두 살 즈음에 이와 같은 자아상을 갖게 된다. 자아상이 형성된 아이는 더 이상 "이건 마리예요"라는 말을 하지 않고 "이건 나예요"라는 표현을 사용하게 된다. 물론 초반에는 '나'라는 관념이나 이를 통해 형성되는 주체성이 매우 불안정하다. 하지만 아이가 자라 성인이 되는 과정에 쌓는 모든 경험은 자신의 자아상을 견고하게 하고, 추가하고 확장하며, 또한 수정한다. 이를 통해 마리라는 아이가 체험하고 경험한 것과 조화를 이루는 것이다.

이렇듯 한 개인이 스스로 만들어낸 내적 표상은 하나같이 유일한 것이며, 한 인격의 핵심이 된다. 자신의 모든 경험을 연결하고 그 관계성을 파악하는 작업이 성공적일수록, 한 인격으로서의 자신에 대한 생각이 확장된다. 그리고 이는 고유의 정체성으로 이어진다. 마리라는 아이 또한 그렇게 자신을 더 이상 유일한 존재로 여기지 않게 되며, 가정에서의 경험, 타인과의 만남을 통한 경험, 도시에서의 경험, 그 문화권 안에서의 경험을 통해 현재의 자신이 되었다는 것을 깨닫게 될 것이다. 이와 같은 경험들이 마리의 일부가 되고, 마리의 소유가 되며, 마리의 정체성을 만들어가는 것이다. 이때 마리가 가진 관념은 마리라는 한 개인 자체보다 훨씬 광범위하고 더 복잡한 삶의 경험들을 포괄한다. 그리고 보다 광범위하고 신뢰할 만한 방향성을 제시하게 된다. 이와 같이 한 개인은 관념의 도움으로 스스로 개척하고 형성한 인생관과 최대한 조화를 이룰 수 있도록 새로운 경험을 평가, 분류하게 된다. 즉, 일관성을 유지하고 뇌의 에너지 소비량을 줄이는 것이다.

우리가 살아가면서 경험하는 수많은 일들 가운데 다른 것과는 비교도 안 될 정도로 중요한 경험을 꼽으라면, 단연코 타인과의 공존을 통해 얻는 경험을 들 수 있을 것이다. 이 가운데에는 분명 한 개인에게 도움이 되고 가치가 있으며, 개인의 잠재력을 단계적으로 펼쳐나가는 데 기여하는 만남들이 있다. 동시에 고통스럽고 부담이 되는 만남도 있다. 별로 도움이 되지 않는다고 느껴지는 만남은 당연히 피하고 싶기 마련이다. 타인과의 관계에서 오는, 때로는 긍정적이고, 또 때로는 부정적인 경험들을 통해 우리는 내적 표상을 만든다. 공존에서 오는 고통을 최소화하기 위해서는 어떤 방식으로 관계를 맺어야 하며 어떤 모습으로 인간 사회를 만들어 가야 하는지, 그에 대한 신념이 생기는 것이다. 이 관념이 개인의 정체성과 연결될 때, 우리 뇌에는 특별한 내적 표상이 만들어진다. 바로 존엄이라는 표상이다.

5장

본능에 새겨진 존엄성을 찾아서

"존엄은 내면의 확신으로서 한사람에게

인간으로서의 특성을 부여하며

그것이 행동으로 이어지게 만든다."

사회화된 신경 회로

당신이 만약 단 한 번이라도 망아지가 태어나는 과정을 가까이서 지켜보게 된다면, 아마 그 기억을 결코 잊지 못할 것이다. 갓 태어난 망아지는 그 힘든 출산의 과정을 겪고도 또 다시 네 다리로 일어서기 위해 온 힘을 쏟아낸다. 채 기운을 차리기도 전에 말이다. 그렇게 망아지는 일어선다. 조금은 비틀거리지만 꽤 견고하게, 네 다리를 버티고 일어선다. 잠시후, 망아지는 어미의 젖이 어디에 있는지를 알아내고, 어미를 찾아가 젖을 빨기 시작한다. 벌써 다음날이면 망아지가 어미 곁에서 꽤 자신감 넘치는 모습으로, 민첩한 속도로 목장을 누비는 모습을 볼 수 있다. 누가 이를 가르쳐줘서가 아니다. 모두 망아지가 스스로 터득한 것이다. 우리로서는 가히기적이라고 여길 수밖에 없는 모습이다.

하지만 우리가 갓 태어난 새끼 망아지의 작은 뇌를 들여다볼 수 있다면 이야기는 달라질 것이다. 자기공명 영상장치 MRI로 망아지의 뇌를 들여다보면 망아지가 땅을 딛고 일어서기 전, 어미의 젖을 빨기 전, 뛰어다니기 전에 각각 뇌의 두 영역이 활성화되는 것을 확인할 수 있다. 그중 하나가 감각운동을 담당하는 대뇌피질 영역이다. 이는 태어나기 전부터 망아지의 뇌에 형성되어 있는 특수한 뉴런의 연결 패턴이다. 일어서거나 젖을 빨 때, 뛰어다닐 때 등 망아지의 모든 행동을 이 영역에서 책임을 지고 조종한다. 다시 말해, 이미 주어져 있기 때문에 자극을 받기만 하면, 즉 활성화되기만 하면 갖게 되는 능력인 것이다. 이 능력의 활성화는 뇌의 더 깊은 영역에서 임펄스impulse(신경 섬유에 전해지는 전기적 충격)가 생성되는 과정을 통해 일어난다. 이 임펄스 또한 새끼 망아지가 태어나기 전부터 형성되어 있던 신경망이 자극을 받으면서 생성된다. 이후 이 임펄스는 각 행동을 책임지고 있는 신경망으로 전달되고, 이를 통해 망아지는 네 다리로 일어서거나, 어미의 젖을 먹으려 노력하거나, 목장의 다른 말을 따라 뛰려고 노력하는 것이다.

이처럼 중뇌에서 특정한 행동을 조종하지 않고, 그 행동의 시작을 자극하기만 하는 신경망을 일컬어 뇌 연구가들은 추진 시스템, 혹은 동기화 시스템이라고 부른다. 이는 비단 망아지뿐 아니라 모든 포유동물이 가지고 있는 능력이다. 그것도 태어나는 시기뿐 아니라 평생에 걸쳐 기능하는 능력인 것이다.

그럴 수밖에 없다. 이 능력이 없다면 스스로 행동하는 것이 불가능하기 때문이다. 뛰어난 감각 운동 신경망이 형성되어 있어서 일어서고 젖을 먹고 뛰어다니는 행동을 조종할 수 있다고 해도, 이 행동 자체를 활성화하는 기능이 없다면 그 또한 무용지물이 되고 말 것이다. 특정한 행동을 활성화하는 것을 우리는 '욕구'라고 부른다. 새끼 망아지가 일어서고 젖을 먹고 뛰어다니기 위해서는 그를 위한 욕구가 있어야한다. 그렇지 않으면 아무 일도 일어나지 않을 것이다. 이와 같은 욕구는 일반적으로 출생 과정에서의 고통이 지나간 후, 순차적으로 깨어난다.

욕구는 저절로 생성되는 지극히 주관적인 '감정'이므로, 어떤 망아지냐에 따라 혹은 어떤 행동이냐에 따라 욕구로 표출되는 강도가 저마다 다를 수는 있다. 하지만 욕구가 아예 없다면 망아지는 단 하루도 생존할 수 없다. 더 나아가 진짜 말이 되기 위해 필요한 것들 가운데 단 한 가지도 생성하거나 확장하고 완성하고 배울 수도 없다.

인간의 경우도 이와 근본적으로 다르다고 할 수는 없지만, 우리에게는 결정적으로 태어나기 전부터 형성되어 있는 신경망이 없다. 그러므로 말처럼 욕구가 정해진 행동 패턴을 활성화시키는 일도 벌어지지 않는다. 갓 태어난 인간의 아기는 무언가가 불편하면 울 수 있고, 버둥거리면서 원하는 것을 얻고자 혹은 하고자 시도할 수 있다. 하지만 거기까지다. 가르쳐주는 사람이 없는 한 아기는 일어서서 걷거나 말을 하지 못하고 더 나아가 읽고 쓰고 계산을 하지도 못한다. 스스로 학습할 수 있는 능력이 없기 때문이다. 갓 태어난 아기의 뇌가 신경망이 형성되어 있지 않다는 점에서 다른 동물들과의 차이점이 분명해진다. 인간의 모습으로 세상에 태어났어도, 인간이 '되기' 위해서는 다른 인간의 도움을 필요로 하는 것이다.

이 모든 것은 다른 사람을 통해서만 학습할 수 있다. 무엇을 어떻게 하는지 가르쳐주고 시범을 보여줄 사람이 있어야 한다. 하지만 그것만으로는 충분하지 않다. 이 모든 것이 인간의 뇌에 견고하게 뿌리를 내리려면 스스로 시도하고 도전하고 실패하는 과정이 있어야 하기 때문이다. 성장하는 과정에서 세상의 여러 경험들을 직접 해봐야 한다는 뜻이다.

이 중에서도 가장 중요한 것이 바로 타인과의 관계에서 얻는 경험이다. 소나 다람쥐, 원숭이와의 관계에서는 결코 얻을 수 없다. 사실 이는 인간이 가진 커다란 약점이기도 하다. 사람에게서 학대를 당하고 맞고 멸시받으며 자란 아이가 자신의 남은 삶 속에서 서로 사랑하고 배려하는 관계를 끝내 만나지 못한다면, 오롯이 자신의 경험에 확신을 가진 채 서로 속이고 학대하고 멸시하는 것을 당연하게 여기게 되기 때문이다. 이는 아이의 주관적인 감정에서 비롯된 것이다. 이 감정은 이후 내면의 추진 시스템이 되어 타인과의 관계를 형성하는 과정에서 기초가 된다. 아이들을 대하는 부모의 행동, 교육기관의 양육자와 교사들의 행동, 회사 경영진으로서, 혹은 같은 지역에 사는 이웃으로서의 행동이 결정적인 역할을 하는 이유도 바로 여기에 있다. 망아지들은 이와 같은 문제에 시달리지 않는다. 뇌 자체가 애초부터 '말답게' 형성되어 있어서, 어떻게 해도 종국에는 전형적인 말이 될 수밖에 없기 때문이다.

하지만 우리 인간은 다르다. 처음부터 우리를 인간답게 만들어줄 장치를 가지고 태어나는 것이 아니기 때문에, 태어난 이상 삶을 살아가는 과정에서 끊임없이 그 인간다움을 찾아가야 한다. 그 과정에서 인간이 얼마나 쉽게 잘못을 저지르고 헤매는지는 인류 역사를 수놓은 그 수많은 끔찍한 행위를 통해서도 분명하게 알 수 있다.

위기를 향한 경고등

인간의 뇌 구조상 우리의 시선은 자연히 인간이 인간에게 가하려는 끔찍하고 잔인한 행위에 우선 향하게 되어 있다. 만일 이와 같은 사건들이 우리의 관심과 인지의 최전방에서 자동으로 감지되지 않는다면, 우리는 무엇이 위험한지 어떤 상황이 위협적인지를 구분할 수 없을 것이다. 그렇게 되면 인간이 위험한 행동을 하거나 위험에 처했을 때, 이를 감지할 감각도 가질 수가 없다. 물론 그 위험으로부터 자신을 보호할 행동 패턴도 형성하지 못한다. 위험 상황을 사전에 대비할 능력도 없어서 위험에 고스란히 노출되는 상황이 발생하는 것이다. 다시 말해, 우리가 끔찍한 일들에 큰 반감 없이 매혹당한다면, 그래서 우리 뇌가 불일치 상태에 이르러 두려움과 스트레스를 야기하지 않는다면, 타인의 위협을 피할 전략을 세우지도 못하게 된다는 의미다.

하지만 태어난 지 얼마 되지 않은 인간은 타인이 가할 위험을 전혀 인지하지 못한다. 그런 위험을 경험한 적이 없고, 타인의 행동이 어디까지 미칠지를 예상하지 못하기 때문이다. 물론 이를 부정적으로만 볼 수는 없다. 신생아나 어린 아이는 어차피 그 위험에 대처할 능력이 없기 때문이다. 하지만 우리의 뇌와 마찬가지로 모든 아이들의 뇌에도 일어나지 말아야 할 일이 일어났을 경우 자동으로 활성화되는 무언가가 존재하기는 한다. 이는 지식이나 신념 같은 것은 아니다. 다만 일종의 감각이나 불쾌한 감정으로 나타날 뿐이다. 이 감정은 아이가 특정한 상황에 대해 기대한 것이 그 상황과 일치하지 않을 때, 그 사실을 인지하고 뇌에 전달되는 과정을 통해 활성화된다. 쉽게 말해 본능적으로 무언가 잘못되었다는 사실을 인지하는 것이다. 뇌의 기능적인 측면에서 보자면 이는 세탁기의 디스플레이에 오류 발생을 알리는 빨간색 램프와도 같은 것이다. 이 빨간색 램프는 무언가가 정상적으로 작동하지 않을 때 켜진다. 우리는 그 신호를 발견하면 기술자를 부르고 세탁기를 수리한다. 마찬가지로, 무언가가 잘못되었다는 느낌이 들면 우리 뇌의 빨간 램프에도 불이 들어온다. 빨간 램프가 작동하는 순간 대책 마련에 대한 욕구가 생긴다. 이는 추진 시스템의 활성화로 이어지고, 고개를 돌린다든지 발버둥을 친다든지 운다든지 하는 특정 행동을 불러오는 것이다.

하지만 여기서 주목해야 하는 것은 아이들의 이와 같은 반응을 가져오는 신경망의 형성 과정이 아니라, 각각의 행동 패턴을 이끌어내는 유발 인자다. 아이 혹은 아이의 뇌는 상황이 좋지 않다는 것을, 다시 말해 과학적으로 불일치 상태에 처했다는 것을 대체 어떻게 인지할 수 있을까. 불일치 상태는 바로 정상적인 상태와의 비교를 통해서만 인지가 가능

아이들은 미세한 감정 형태의 감각을 가지고 태어난다.
이는 무엇이 옳은지, 어떤 대우를 원하는지
타인과 어떻게 공존해야 하는지에 대한 감각이다.

하다. 이는 곧, 아이의 뇌에 정상적인 상태에 대한 정보가 이미 신경망에 저장되어 있다는 뜻이다. 모든 것이 일관성을 유지하고 최적의 상태를 만들어낼 수 있도록 돕는 비교 대상이 있는 것이다. 이후 성인이 되어 갖게 되는 비교 대상을 우리는 '사전 지식'이라고 부른다. 하지만 갓 태어난 아기에게 사전 지식이나 이를 토대로 구축된 관념이 있을 리 만무하다. 무엇이 옳은지, 타인의 행동은 어떠해야 하는지, 좋은 관계를 맺기 위해서는 서로를 어떻게 대해야 하는지에 대해서는 전혀 알지 못하고 있는 것이다.

그런데도 아이들은 무언가 잘못되었을 때 이를 직감하며 빨간 램프에 불이 들어온다. 관념이나 사고, 확신, 요구의 형태는 아니지만 아주 미세한 감정, 즉 주관적인 감각으로서 존재하는 것이다. 아이들은 이 감각을 가지고 태어난다. 이 감각은 미세한 감정의 형태를 띠고 있으며, 태어나자마자 너무 많은 것에 무방비로 노출되지 않도록 돕는다. 이는 무엇이 옳은지에 대한 감각이자 어떤 대우를 원하는지에 대한 감각이고, 타인과 어떻게 공존해야 하는지에 대한 감각이다. 여기까지 왔으니, 이제 이와 같은 의미를 가진 단어를 사용할 수 있을 것 같다. 무엇이 인간답게 사는 것인지, 즉 '존엄' 하게 사는 것인지에 대한 감각 말이다.

그렇다면 아이들은 무엇을 통해 이와 같은 내면의 기준을 가지게 되었을까. 이는 매우 흥미로운 질문이다. 모든 것이 정상적으로 흘러가고 있는지를 판단할 수 있는 기준, 그 근본적인 신경망이 과연 어떤 과정을 통해 형성되었느냐는 문제다. 물론 이와 같은 연결 패턴을 형성하는 유전자는 존재하지 않는다. 그러기에는 이 연결 패턴이 너무 복잡하기 때문이다. 이와 같은 내면의 기준 역시 개인의 경험을 통해 형성된다. 특정한 방향성을 가리키는 뇌의 연결 패턴이 반복적으로 활성화되면서 뿌리를 내린 것이다. 흥미롭게도 이는 태어난 직후부터가 아니라, 뇌가 생성되는 과정, 즉 어머니의 자궁에서부터 이루어지는 일이다.

우리는 지난 몇 년간 다양한 연구를 통해 인간은 태어나기 전부터 학습이 가능하며, 자궁 안에서의 경험이 아기의 뇌에 자리를 잡는다는 사실을 확인한 바 있다. 하지만 인간의 뇌가 형성되는 초기 단계에 그 무엇과도 비교되지 않을 만큼 중요한 두 가지 기본 경험이 있다. 태어나기 전은 물론이고, 태어난 이후에도 최소 특정 기간 동안은 반드시 해야 할 경험으로, 하나는 타인과의 관계에서 형성되는 아주 친밀한 소속감이다.(물론 이후 또 다른 사람들과의 관계에서 이 경험을 이어갈 수 있다면 더 좋을 것이다.) 다른 하나는 이 소속감을 기반으로

아이들은 태어날 때부터 내면에 지닌
존엄이라는 나침반을 통해,
인간다운 삶이 의미하는 바를 따라 세상을 살아갈 것이다.

한 개인으로서 성장하고 발전하는 경험, 그리고 자신의 창의력에 대한 경험이다. 아이는 한참이 지난 후에야 이 두 가지 기본 경험을 겉으로 표현하고, 소속감 속에서 경험한 주체성과 자유라는 표상을 갖게 될 것이다. 그리고 시간이 조금 더 지나, 어쩌면 인간을 더 깊이 이해하고 신뢰할 수 있도록 도와줄 특별한 만남이 존재한다는 것도 알게 될지 모른다. 인생을 스스로 만들어가는 주체가 될 수 있도록, 끊임없이 발전할 수 있도록, 소속감 속에서도 자신이 온전한 자유를 누리고 자율성을 가진 주체임을 깨달을 수 있도록 돕는 만남 말이다.

이러한 특별한 만남을 사랑이라 일컫는다. 아이들은 아마 태어났을 때부터 이 사랑을 경험했다는 사실을 모를 것이다. 물론 자신이 왜 존엄한지, 어떻게 해야 그 존엄성을 지킬 수 있으며 훼손되지 않도록 보호할 수 있는지도 알지 못할 것이다.

하지만 '앎'의 문제와는 별개로 그것이 무엇인지에 대한 감각은 아주 깊은 내면에서부터 존재한다. 이는 태어날 때부터 가지고 있는 내면의 나침반이기 때문이다. 이 나침반을 통해 아이들은 인간다운 삶이 의미하는 바를 따라 세상을 살아갈 것이다.

6장
타인의 존엄을 지켜야 하는 까닭

"타인의 존엄을 해치는 것은
결국 자신의 존엄을 해치는 것이 아닌가?"

타인에게서 시작되는 자의식

모든 인간은 존엄성을 지닌 채 태어난다. 다시 말하면, 모든 아이들은 인간다운 삶을 살아갈 수 있는 감각을 가지고 태어난다. 또한 모든 아이들은 고유의 방식으로, 저마다 다른 크기의 소리로 자신이 필요한 것을 얻지 못했다는 사실을 알린다. 배가 고프다거나 기저귀를 갈아달라거나 하는 요구를 할 때는 물론이고, 혼자 남아 돌봄을 받지 못하거나, 구석에 버려져 있을 때도 그렇다. 누군가의 분노의 대상 혹은 무관심의 대상이 될 때도 마찬가지다. 기꺼이 시간을 내어 자신에게 주목하고 관심을 가져줄 사람이 없을 때도 소리를 낸다.

또한 모든 아이는 자신이 원하는 것을 할 능력이 없다는 사실을 인지할 때, 무언가가 잘못되었다고 느낀다. 예컨대 무언가를 잡고 싶은데 자신의 작고 미숙한 손으로는 쉽게 잡지도, 입에 넣지도 못할 때가 그렇다. 나아가 모든 아이는 소속되기를 원한다. 주목받기를 원하고, 어떻게 살아야 하는지 배우기를 원한다. 이 욕구를 가지고 있는 한, 그것을 실현할 수 있는 수단과 방법도 찾는다.

하지만 안타깝게도 모든 아이가 무조건적인 사랑을 경험하는 것은 아니다. 생명의 탄생에 대한 기쁨이 사그라지고

아이와의 삶이 한 가정의 구태의연한 일상으로 자리 잡고 나면, 보호자의 애정 어린 눈빛 속에서 존재의 가치를 발견하거나 존재만으로 조건 없이 받아들여지는 행운은 더이상 쉽게 주어지지 않는다. 그 와중에 아이들은 자신의 존엄성에 상처를 입어도 그것을 느낄 뿐, 왜 그래야 하는지 그것이 무엇을 의미하는지는 알지 못한다.

한 아이가 태어난 뒤 2년 동안 시도하고 학습한 모든 것은 이어지는 모든 발달 과정에서의 자극이 되며 격려이자 영감이 된다. 이 때문에 기고, 걷고, 말하고, 노래하고, 춤추는 등의 발달 과정 속 모든 행위가 동기 부여를 통해 스스로 학습되는 것이다. 아이들은 그것을 배우려는 욕구를 가지고 있기 때문에, 이 능력을 이미 갖춘 어른들을 그토록 주목해서 관찰하기 시작한다.

아이들은 실로 놀라운 인내심을 보이며 이 모든 것이 성공할 때까지 끊임없이 시도를 한다. 설거지를 돕고, 꽃에 물을 주고, 사과를 따고, 자동차를 수리하는 것. 아이들은 이 모든 일에 참여하기를 원하고 이곳에 속하기를 원한다. 그리고 함께하기를 원한다. 대부분의 아이들은 이 2년이라는 기간 동안 자신이 인생의 주인공이자 창조자임을 배우고, 더 나아가 타인과 공존하는 삶의 주체임을 인식하게 된다.

하지만 태어날 때부터 가지고 있던 감각이 더 이상 강화되는 것은 아니다. 현재 자신이 필요로 하는 것이나 자신에게 무엇이 좋고 나쁜지에 대한 본능적인 감각, 즉 뉴런의 연결 패턴이 이후의 경험을 통해 새롭게 강화되고 확장되고, 또 구체화되기 때문이다. 다시 말해, 본능적인 감각이 아니라 행동하는 주체로서의 직접적인 경험이 뇌에 뿌리를 내리는 것이다. 이 경험은 아이들이 이후 갖게 될 주체성의 토대가 되는데, 심리학자들은 이를 자기 효능감Self-efficacy이라고 부른다. 이 경험은 유년 시절 초기, 아이를 돌보는 양육자와 그 아이가 소속되어 있다고 느끼는 공동체에 의해 좌우된다. 공동체에 대한 소속감, 그리고 그 구성원들을 통해 느끼는 애정과 보호, 격려를 통해 그와 같은 경험이 가능해진다.

만일 아이들이 인생의 초기에 겪게 되는, 그 무엇보다도 중요한 이 경험을 말로 표현할 수 있다면 하나같이 이렇게 설명했을 것이다. "바로 그때 인간이 된다는 것이 무엇인지를 처음으로 알게 되었다"고 말이다. 자신의 몸으로 직접 겪은 경험은 뉴런의 연결 패턴이 되어 뇌에 뿌리를 내린다. 만약 보다 좋은 환경에 있을 수 있다면, 조금 더 복잡한 신경망이 형성되어 우리가 존엄이라고 표현하는 바로 그 관념에 대한 인식이나 의식의 구조적인 기초가 세워질 수도 있을 것이다.

고통스러운 대상화의 경험

하지만 거기까지 가는 길은 결코 쉽지 않다. 문제는 그 길을 막아서는 장애물들이 아니라 그 길에 난 수많은 함정, 끊임없이 옆으로 새게 만들고 때로는 정말로 그럴싸하게 만들어진 잘못된 방향의 길이다. 가다 보면 좁은 길을 만나기도 하고, 앞이 보이지 않을 정도로 우거진 덤불을 만나기도 한다. 이미 알듯이 우리 아이들이 자라는 세상은 결코 정상적이지만은 않다. 아이들이 마주하는 것은 오히려 사람들이 목적과 목표를 실현하기 위해 만들어낸 세상이다.

이러한 세상에서는 인간의 존엄성을 지키는 것이 결코 중요한 일이 아니다. 타인을 짓밟아 자신의 이익을 지키는 행위에 의해 많은 이의 삶과 공존이 결정되기 때문이다. 그리고 타인을 마치 도구나 기계, 가축을 여기듯 자신의 목적과 목표를 이루기 위한 수단으로 여기면서도 거리낌이 없다. 이것이 성인들만 겪는 경험이라면 얼마나 좋을까. 그나마 성인들은 자신을 지키고 저항할 능력이라도 있으니 말이다. 문제는 이와 같은 사람들에게 무방비로 노출되는 아이들이다.

다른 사람에게 이용당하고, 타인의 목적과 목표, 기대와 평가, 지시와 지도, 더 나아가 전략과 명령의 대상이 되는 경

그 자체로 목적이어야 할 인간이 하나의 수단으로 취급받을 때,
그것은 애정과 소속감, 주체성과 자유를 원하는
인간의 기본 욕구를 무너뜨린다.
이는 매우 비참하고 고통스러운 경험이다.

험. 그것은 한 개인이 갖고 있는 주체성과 존엄성에 위협을 가한다. 이는 매우 비참하고 고통스러운 경험이다. 그 자체로 목적이어야 할 인간이 하나의 수단으로 취급받을 때, 그것은 애정과 소속감뿐 아니라 주체성과 자유를 원하는 인간의 기본 욕구를 무너뜨린다. 놀랍게도 이러한 환경에 처했을 때 활성화되는 뇌의 영역은 우리 몸에 문제가 생겼을 때 활성화되는 곳과 같은 영역이다. 말 그대로 뇌에게도 '고통스러운' 경험인 것이다. 결코 장기적으로는 견딜 수 없는 고통이기에, 아이들은 그 고통을 멈춰줄 해결책을 찾아 나선다.

대부분의 아이들이 사용하는 가장 쉬운 해결책은 오늘날 우리 사회에서 가장 흔히 발견되는, 바로 상대가 했던 그대로 타인을 바라보고 수단으로 취급하는 것이다. 이는 결코 쉬운 일이 아니다. 그 자체로 애정과 소속감을 향한 기본 욕구를 억누르는 일이기 때문이다. 하지만 대부분의 아이들은 끝내 이 기본 욕구를 억누르고, 어느 순간부터 자신의 고통을 견디기 위해 결정적인 말을 내뱉는다. (혹은 상상한다.) "엄마는 나빠!" 바로 애정과 소속감의 대상이었던 엄마를 똑같이 평가의 대상으로 만드는 것이다.

이를 통해 아이들은 자신의 본보기가 되는 성인과의 관계를 존엄하지 않은 방식으로 바꿔놓을 뿐 아니라, 더 나아가 자신의 존엄성까지도 해치고 만다. 누군가가 와서 다른 방법도 있다는 것을 보여주기 전까지는, 자신의 관심사와 목적을 이루기 위해 타인을 이용하는 이 해결책을 끊임없이 수정하고, 보다 세밀하게 적용하며 강화해나가게 된다. 다른 사람에게 수단으로 취급당한 아이들은 마찬가지로 다른 사람을 수단으로 여기고, 자신의 목적 달성을 위해 보다 노련하게 이들을 이용하는 방법을 익힌다. 물론 나중에라도 아무런 조건 없이, 주체성을 가진 한 인간으로 아이들을 대하는 누군가를 만나 자신의 존엄성을 발견하는 경험을 하게 될 수도 있지만 말이다.

하지만 목적과 수단의 관계로 얽혀서 함께하는 일상 속에서는 이와 같은 만남이 이루어질 가능성이 점점 낮아질 수밖에 없다는 것이 문제다. 심지어 자신의 목적을 위해 타인을 아주 영리하고 간사하게 끌어들이거나 유혹하고, 그 밖의 다른 방법으로 영향력과 권력, 재산을 취하는 것이 성공으로 간주되는 사회에서라면 더욱 더 그렇다.

어떤 아이들은 또 다른 해결책을 찾기도 한다. 타인의 관심, 특히 자신에게 중요한 타인의 관심을 받지 못하고 수단으로 여겨지며 겪은 고통에서 벗어나기 위해 선택하는 두 번째 해결책이다. 바로 자신이 나쁜 사람이며, 사랑받을 자격조차 없이 부족하고 능력이 없다는 말을 하며, 스스로를 타인의 평가 대상으로 만들어버리는 것이다. 충분히 벌어질 수 있는 일 아닌가? 타인에게 그와 같은 취급을 당하고 평가를 받기 전에 스스로 그렇게 하는 편이 차라리 덜 고통스럽기 때문이다. 그렇다고 이것이 쉬운 일일까? 절대 그렇지 않다. 자기 존엄성에 대한 감정과 사고를 스스로 억눌러야 하기 때문이다. 만일 누군가가 나타나 이와 같은 부정적인 자기 묘사에 대해 의문을 제기하고, 자신의 모습 그대로를 다시 사랑할 수 있도록 도와주지 않는다면, 이 극복의 패턴은 갈수록 깊게 뿌리를 내릴 것이고, 보다 정교하게 고착될 것이다.

존엄성에 대한 관념, 더 나아가서는 그에 대한 의식이 발달되기도 전에 자신의 주체성과 소속감을 억누르는 아이들. 누군가는 애정과 소속감에 대한 욕구를 억누르고, 또 다른 누군가는 주체성과 자유의 욕구를 통제한다. 전자의 경우라면 자신이 주도권을 갖지 못하고 남이 시키는 대로만 움직이게 될 것이고, 후자의 경우라면 자신이 중요한 사람이라는 것을 확인하는 데에 모든 의지와 노력을 쏟아부을 것이다. 스스로를 사랑하지 않는 법을 배우거나(타인과의 정서적인 유대감이 없기 때문에), 자신의 목적 달성을 위해 타인을 이용하는 법을 배우는 것이다. 안타깝게도 오늘날 사회 분위기 속에서 자라나는 우리 아이들은 존엄성을 깨달을 수 없다. 적합한 경험을 바탕으로 존엄성을 구축하고 의식화하는 과정을 밟지 못하고 있는 것이다. 오히려 그 반대다. 아이들은 갈수록 더 어린 나이에 어른들의 목적과 평가, 전략을 위한 대상이 되고 있다.

가정 내에서도 마찬가지다. 아이가 존재 자체만으로 가치가 있으며 부모의 기대에 부응하지 않아도 여전히 사랑받는 것을 아이가 느끼고 경험하도록 돕는 부모는 많지 않다. 오늘날 조건 없이 수용되는 경험, 다른 표현으로 하자면, 조건 없이 사랑을 받는 경험은 결코 이 세상의 모든 아이들에게 허락된 것이 아니라는 뜻이다. 설사 가정 내에서 이와 같은 경험을 할지라도 아이들은 언젠가 타인의 수단이 되는 경험을 피할 수 없다. 이는 사실 가족이라는 울타리를 벗어나 다른 아이들을 만나는 순간부터 시작된다. 아이들은 유치원에서부터 교사의 기준에 따른 평가를 받고, 전문적인 교육의 대상이 되며, 학습에 대한 도전을 받는다. 학교에 다니기 시작했다면 이는 더욱 더 피하기가 어려워진다. 아이들은 어쩔 수 없이, 어떤 방식으로든 자신이 수업 방식이나 지도 내용과 평가의 대상이라는 사실을 인지하게 된다.

이때 아이들은 과연 어떤 반응을 보일까. 어떤 아이들은 고통을 견디지 못하고 역할을 바꿔 교사를 자신의 평가와 목적의 대상으로 삼기도 한다. 또 자신이 무능력하며 재능이 없고, 참을 수 없는 존재라고 스스로 깎아내릴 수도 있다. 운이 좋아 학교에서 기대하는 바를 충족시켜 좋은 성적을 받거나 칭찬을 듣는 등, 긍정적인 평가를 받은 아이들이라면, 이를 자신의 가치가 상승한 것으로 여기고 더 인정받기 위해 더 많은 노력을 기울일 수도 있다.

물론 각 학급과 집단 내에는 자기 존엄성에 대해 확신을 가진 아이들도 있을 것이다. 이 아이들은 존엄하지 못한 타인의 행동에도 상처받지 않을 것이며, 자신이 이상한 아이나 아웃사이더로 평가되고 집단에서 따돌림을 당하는 상황에서도 흔들리지 않을 것이다. 이런 아이들은 대부분 호기심이 많고 열정이 넘친다. 하지만 자신의 가치를 확인하기 위해 좋은 성적을 받으려 노력하는 학생들과는 근본적인 차이가 있다. 이들은 인정을 받기 위해 공부하지 않는다. 모든 것을 열린 마음으로 받아들이고, 진심으로 흥미롭게 여기기 때문에 공부를 할 뿐이다.

자신의 존엄함을 인식한 사람은
자기 가치를 확인하려는 욕구에 시달리지 않는다.

타인의 존엄이라는 거울

현대를 사는 우리 아이들은 결코 경쟁을 피해갈 수 없다. 단순히 정해진 목표를 달성하려고 노력하는 체육 시간이나 특별활동 시간에서의 경쟁만을 이야기하는 것이 아니다. 한정된 자원을 서로 손에 넣으려고 수많은 사람을 제쳐야만 하는 바로 그 경쟁을 말하는 것이다. 이러한 환경에서 상대를 이기려면, 목적 달성의 과정에서 경쟁자를 제치거나 불리하게 만들거나 속이거나 하는 방식으로 제거해야 한다. 이런 사람들에게는 '추격자'라는 말이 어울린다. 타인의 희생을 전제로 해야만 자신의 성공을 확신할 수 있기 때문에, 다른 사람을 목표 달성의 방해물로 여기고 그렇게 취급하는 사람들이다. 하지만 이와 같은 행동이 타인의 존엄뿐 아니라 자신의 존엄성까지도 해치고 있음을 이들은 알지 못한다.

한정된 자원을 둘러싼 경쟁 환경 속에 있으면서 피해갈 수 없는 또 한 가지는 타인에게 이용당하는 경험이다. 다른 사람의 의도나 목표에 휘둘리는 것이다. 이는 판매자와 소비자라는 소비 중심 사회에서 지배적으로 나타나는 관계이기도 하다. 각종 상품과 서비스를 판매하기 위한 대상으로 이용되는 것은 아이들도 예외가 아니다. 아이들을 타깃으로 한 광고가 늘어나기 시작한 것도 벌써 오래 전의 일이다. 주도면밀한, 아니 정확하게 표현하자면 악의적인 광고 전략에 속은 채 성인이 된 이들은 판매자가 자신의 행복과 성장에 진심으로 관심을 기울이고 있다고 믿기도 한다. 이 제품을 가지면 당신도 일부가 될 수 있다는 소속감에 대한 약속, 이 제품을 사면 이런 것도, 저런 것도 모두 할 수 있다는 가능성에 대한 약속. 이러한 약속들을 빌미로 아주 어린 아이들까지도 특정한 상품을 홍보하기 위한 수단으로 전락시킨다. 특히 애정이나 주체성에 대한 욕구가 충족되지 않은 사람의 경우라면 더 쉽게 매수가 가능하다. 현재의 모습, 현재 가진 것만으로는 부족하다고 여기는 이들도 마찬가지다. 이들 모두 타인으로부터 더 큰 가치를, 더 큰 주목을, 더 큰 관심을 얻고자 하는 존재들이다.

이들은 자신이 광고에 속았으며 존중받지 못하고 수단으로 이용당했다는 것을 알아차리지 못한다. 자기 존엄성에 대한 인식이 발달하지 못했기 때문에 각종 할인 광고에 휘둘리고, 판매대 앞에 늘어선 긴 줄에 합류하고, 광고에 특별히 심혈을 기울인 상품 앞에 서게 되는 것이다.

자기 존엄성을 인식한 사람은 한정된 자원을 둘러싼 경쟁에서 성공해야 할 필요를 느끼지 않으며, 광고 전문가들이들이미는 그 어떤 대리 만족에도 결코 흔들리지 않는다. 자기 가치를 확인하려는 욕구에 시달리지도 않는다. 이미 자기 가치를 충분히 알고 있기 때문에 유혹에도 흔들리지 않는다. 타인을 자신의 의도와 기대, 목적과 전략의 수단으로, 더 나아가 유혹과 허황된 약속의 수단으로 이용할 마음도, 그를 통해 이득을 얻는 일도 없다.

이미 자신의 존엄을 인식하고 있기에 타인의 존엄을 해치지도 않는다. 이것은 곧 자신의 존엄을 해치는 일이기 때문이다.

7장
강인한 삶을 향한 여정의 시작

"결코 앗아갈 수 없는 정신적 자유가
마지막 호흡의 순간까지도
자신의 삶을 조금 더 유의미하게 만들어갈
방법을 찾게 만들었다."
_ 빅터 프랭클

자유를 향한 첫 번째 단계

모든 인간에게는 무엇이 자신을 존엄하게 만드는지 인지할 수 있는 능력이 있다. 앞서 말했듯 이는 이미 어린 시절부터 갖고 있던 능력이기도 하다. 물론 성장 과정에서 여러 사람을 만나고, 그 경험들을 통해 자기 존엄성에 대한 주관적인 인식도 강화되거나 억제될 것이다. 그렇다고 해도 이를 담당했던 뉴런의 연결 패턴은 계속 유지된다. 다시 말해, 뇌 깊은 곳에서 잠자고 있던 존엄에 대한 의식은 살면서 맺는 좋은 인간관계들을 통해 일깨울 수 있다는 것이다. 이 같은 관계를 통한 경험은 지금껏 그 사람이 형성해온 통찰력과 맞물려, 뛰어난 연상 능력을 가진 의식의 신경망을 통해 처리된다. 뇌의 감정 영역에 뿌리내리고 있던 존엄함에 대한 감정은 그동안 억눌려 있다가, 이러한 과정 속에서 다시 신경망이 활성화된다. 뇌에서 동시다발적으로 이루어지는 이 활성화의 결과로 한 사람은 자기 존엄성을 인식할 수 있다.

개인의 특별한 경험은 자기 존엄성을 재발견하고, 인식하는 데 가장 결정적인 촉매제 역할을 한다. 이를 대표하는 서양의 가장 오랜 서사로는 사도 바울의 변화를 꼽을 수 있다. 《성경》의 〈사도행전〉에 등장하는 사울은 본래 그리스도인을 박해하는 무자비하고 이기적인 사람이었지만 하느님을 만나고 변화하여 사도 바울로 다시 태어난다. 너무 옛날 이야기인가? 그렇다면 보다 구체적이며 시사성 있는 사례로 리먼브러더스 사태를 들어보자. 지난 2008년 미국의 서브프라임 모기지 사태로 리먼브러더스Lehman Brothers International가 파산에 이르면서 월스트리트의 증권업자들은 하루아침에 권력과 명예를 잃고 말았다. 모두가 그런 것은 아니었지만, 이들 가운데 일부는 이 완전한 붕괴라는 사태를 통해 자신의 존엄성을 재발견하고 이전과는 전혀 다른 모습으로 제2의 인생을 시작했다. 유치원을 설립한 이도 있었고, 노숙자들을 돌보기 시작한 이도, 교사가 된 이도 있었다.

물론 반드시 한 사람의 인생이 와르르 무너져내려야만 내면에 근본적인 변화가 이루어지는 것은 아니다. 자신의 세상에서 성공 가도를 달리며 살아온 한 경영자가, 전혀 다른 세상에서 살고 있지만 존엄성을 결코 잃지 않았던 누군가를 만나는 것만으로도 변화가 일어날 수 있기 때문이다. 혹은 남녀가 사랑에 빠지면서 변화가 이루어지기도 한다. 사랑이라는 감정 속에서 과거 억눌려온 존엄에 대한 인식이 되살아나는 것이다.

이와 같은 방식으로 난생 처음 존엄성을 인식한다면 그는

사는 대로 살아가는 것이 아니라
존엄함 속에 살아가는 것.
방향 없이 사는 것이 아니라
인간다움을 향해 살아가는 것.

분명 행운아일 것이다. 자기 자신과 타인을 비롯하여 수많은 생명체와의 유대감이 이미 사라진 지 오래라고 믿었던 이들은, 이러한 행운을 일컬어 잊고 있던 유대감을 재발견하게 되는 강렬한 경험이었다고 표현하기도 한다. 또한 이 유대감은 자신과 자기 행동에 대한 책임을 되찾고 싶은 욕구를 느끼게 만든다. 자기 존엄성을 인식한 사람이 더 이상 과거의 모습대로 살아갈 수 없는 이유가 바로 여기에 있다. 또한 이 변화는 자기 자신뿐 아니라 주변 사람들도 감지할 수 있다. 그리고 그 변화된 모습을 보며 큰 영향을 받게 된다. 다시 말해, 존엄성을 인식한 이들은 이전보다 더 신중하게 행동하며, 호의적이고 친절한 태도를 갖게 된다. 주어진 자신의 모습 속에서 평온함을 누리며, 그를 타인에게도 전달한다. 타인의 재촉이나 유혹에 휘청거리지도 않는다.

이런 사람들을 만나고 나면 느껴지는 것이 있다. 스스로가 신뢰할 만한 내면의 나침반을 발견하고, 이 나침반에 따라 인생을 살아가는 것 같다는 느낌이다. 사는 대로 살아가는 것이 아니라 존엄함 속에 살아가는 사람. 방향 없이 사는 사람이 아니라 인간다움을 향해 살아가는 사람. 이처럼 자기 존엄성을 인식하는 일은 자유를 향한 첫 번째 단계이자, 자립을 위한 제1막이다. 여자로서 혹은 남자로서가 아니라, 한 인간으로서의 1막.

하지만 현실에서는 이런 사람을 만나기가 쉽지 않다. 실제로 스스로의 존엄성을 인식한 사람이 많지 않기 때문이다. 자기 존엄성을 인지하고 자신이 원하는 것이 무엇인지를 분명하게 알고 있는 사람은 달콤한 말로 하는 유혹이나 타인의 간섭을 결코 용인하지 않는다. 이들 존재는 광고 전문가들이나 기업들을 당황하게 만들기에 충분하며, 말만 화려할 뿐 결과는 없는 정치인들의 허황된 약속에 대해서도 견고한 면역체계를 가지고 있다. 어찌 보면 우리가 살고 있는 세상과 잘 어울린다고 보기 어려운, 조금은 특별한 사람들인 것이다.

범죄와 반존엄 사이

종종 많은 이들이 누군가의 존엄하지 않은 태도를 입을 모아 질타하는 때가 있다. 바로 인간의 존엄함이 극단적으로 무너지는 사건이 발생했을 때다. 대부분의 사람들은 힘없는 이들이 희생당하거나 약자이기에 경험해야만 했던 일에 분개한다. 그리고 법치국가의 절차에 따라 이들의 존엄성을 회복해

주어야 한다고 외친다. 하지만 생각해보자. 가해자에 대한 유죄 판결과 징역을 선고하는 것만으로 전쟁의 무고한 희생자와 폭력과 억압의 희생자 들이 과연 스스로의 존엄함을 되찾을 수 있을까.

과연 몇 년을 구형해야 충분할까? 가해자가 몇 년을 수감되어 있어야 피해자의 잃어버린 존엄이 회복될 수 있는가. 조금 더 구체적으로 들여다보면 이런 질문도 가능하다. 이 과정에서 정말로 상처를 입은 것은 어느 쪽인가. 희생자의 존엄인가, 가해자의 존엄인가. 가해자는 어떻게 그렇게 끔찍한 행동을 저지를 수 있었나. 나는 그가 아마도 존엄함에 대한 인식 자체가 완전히 억눌려 있었을 것이라 확신한다. 자기 존엄성에 대한 일말의 인지도 없으리라. 그렇다면 이에 대한 책임은 누구에게 있는가. 이들에게는 어떤 방식으로 책임을 물어야 하는가.

이에 비교하여 반反존엄에 대한 정의를 내리기가 훨씬 쉬운 상황들이 있다. 영향력을 가진 누군가가 자신의 사리사욕을 위해 권력을 휘두르고 타인을 희생시킬 때가 그렇다. 주로 교회 지도자나 정치인, 국가기관, 당국의 책임자들이 "위엄을 무너뜨렸다"는 비난을 받기가 비교적 쉽다. 이런 일에는 반론의 여지도 별로 없다. 사회적으로 인정받는 직업군에게 쏟아지는 시선은 결코 관대하지 않다. 예컨대 의사의 경우가 그렇다. 수익을 내기 위해 환자에게 필요하지도 않은 수술을 감행했다면 이는 비난의 대상이 된다. 자신의 이력을 쌓기 위해 연구 결과를 조작한 과학자의 경우도 마찬가지다. 하지만 대기업이나 은행 경영진의 경우에는 어떨까. 자신들의 이익을 위해 타인을 희생시켰다는 사실이 드러나더라도, 이들이 존엄하지 않은 행동을 했다고 비난받는 경우는 그리 많지 않다. 앞선 경우와 달리, 모든 사람이 한 목소리로 수위 높은 비난을 하지도 않는다. 오히려 이들이 이렇게 행동하리라는 것을 어느 정도 용인하는 사람들이 더 많은 것 같다.

공직자, 영향력을 가진 지도자, 존경받는 직업을 가진 사람들이 존엄하지 않은 행동을 했을 때에는 그 이유 여하를 막론하고 비난의 대상이 된다. 그러나 사람들이 비난하는 기준은 어떤 이유로 다른 사람을 희생시켜 이익을 취했는지에 있지 않다. 오히려 이들이 가진 권력과 지위, 위상에 가해진 심각한 흠결이 일차적인 문제가 된다. 하지만 생각해보자. 무엇보다 중요한 것은 그의 삶에서 무엇이 존엄의 인식을 그토록 억누르고 인식의 발전을 방해했는지 알아내는 일이 아닐까. 그에 대한 책임은 누구에게 있는 것일까. 이들의 존엄하지 못한 행동과 범죄자들이 저지르는 범행을 구분하는 기준은 어디에 있는가. 이들의 행동이 낳은 결과가 범죄자들의 범행이 낳은 결과보다 덜 끔찍하다고 볼 수 있을까. 순진한 아이들을 꾀어 유독한 식품을 팔아 돈벌이를 하고, 정치적인 음모를 꾸미고, 고객을 기만하고, 허황된 약속을 하고……. 이 모든 것의 결과는 과연 무엇인가. 이는 누구를 위한 일이며 무엇을 위한 일이란 말인가.

독일에는 '유리 온실에 앉아 있는 자는 돌을 던지면 안 된다'•는 속담이 있다. 아마도 대부분의 사람들은 대중으로부터 비난을 받는 이들과 자신이 과연 얼마나 다른지는 굳이 생각하려 하지 않을 것이다. 범죄자와 우리는 과연 얼마나 다른가. 오만한 권력자나 경영자와는 또 얼마나 다른가. 돈에 눈이 먼 의사, 성과에 집착하는 과학자, 타인을 희생시키면서까지 자신의 목적을 실현하는 사람들. 이들과 비교했을 때 과연 우리는 얼마나 다른가. 되묻지 않을 수 없다.

이처럼 거대한 자기 의심 앞에 우리는 상당히 빠른 속도로 돌파구를 찾아낸다. 자신의 뇌에 나타난 불일치의 상태를 최대한 빨리 일관성 있게 바꿔야 하기 때문이다. '우리는 과연 그들과 얼마나 다른가'라는 질문에 대부분의 사람들은 바로,

---

• Wer im Glashaus sitzt, sollte nicht mit Steinen werfen. 한국식 속담으로는 '똥 묻은 개가 겨 묻은 개 나무란다'는 의미와 유사하다.

우리는 과연 그들과 얼마나 다른가.
이 질문에 대부분의 사람들은
'인간의 본성이 그렇기 때문에 어쩔 수 없다'고
생각해버린다.

'인간의 본성이 그렇기 때문에 어쩔 수 없다'고 생각해버린다. 생물학적으로 그렇게 태어났기 때문에 어쩔 수 없다고. 어쩔 수 없이 타인을 이용하고 희생시켜서라도 목적을 실현하는 것이 더 중요하다고.

혹은 해명이나 변명 자체에 무관심하기도 한다. 그러거나 말거나 쇼핑을 하러 가고, 인터넷을 하고, TV 드라마에 몰두하는 것이다. 이유야 어찌 되었건, 자신이 좋아하는 일을 하고 나면 다시 평안을 되찾게 될 테니까 말이다.

자신의 생각이나 말, 행동 때문에 존엄성이 훼손되었음이 드러났을 때 이를 인정하는 것만큼 어려운 일도 없다. 이 자체만으로도 우리 뇌는 극도의 불일치 상태에 빠지기 때문이다. 그렇지 않고서는 수많은 사람이 이 불편한 진실을 외면하고 잊어버리기 위해 사용하는 갖은 전략들을 설명하기가 힘들다. 어떤 이는 사람이 다 똑같은 것 아니냐고, 어쩔 수 없다고 되려 역정을 내기도 한다. 한 아이를 키워야 하는 부모로서 자신이 가진 교육관을 적용할 수밖에 없고, 교사가 교사로서의 지도 방식과 평가의 기준 없이 어떻게 아이들을 가르치고 평가하느냐는 것이다. 또 경영자나 간부로서 직원들에 대한 분명한 경영 방식과 지시 없이 기업의 목표 달성을 어떻게 확인할 것이며, 시간에 좇기며 일하는 의사와 간호사

가 대체 어떻게 환자와 고객의 존엄까지 신경을 쓰며 일을 하
느냐고 되묻는 것이다.

당신은 나를 상처 줄 수 없다

물론 이는 누구에게나 힘든 일이다. 스스로의 존엄을 해친
일들이 얼마나 많았는지, 어떤 상황에서 그래왔는지를 자문
하는 일은 결코 쉽지 않다. 물론 다른 사람들에 비해 조금 더
의식적으로 자문할 수는 있겠지만, 나 역시 매 순간 스스로
의 존엄을 지키며 살아가지는 못한다. 타인을 나의 기대와
평가, 지도의 대상으로 보지 않는 것도 쉽지 않은 일이다. 때
로는 나의 존엄이 위기에 처하기도 한다.

그런데 여기서 흥미로운 사실은 모두가 같은 경험을 하는
것은 아니라는 사실이다. 똑같은 행동으로 사람을 대해도,
존엄성에 상처를 입었다고 느끼는 정도는 사람마다 차이가
있다. 마치 면역 체계가 건강한 사람처럼, 자신의 존엄함을
인지한 이들은 자신의 가치에 대한 확신이 있기 때문에 무례
한 농담이나 위기 앞에서도 침착하고 관대하게 반응한다. 오
히려 타인의 존엄하지 못한 행동이 결코 고의가 아니었으리

라고 여기고 넘겨버리기도 한다. 다시 말해, 자신의 존엄함을 인지하고 있는 사람은 타인의 존엄하지 않은 행동에도 상처를 받지 않는다는 뜻이다.

그렇다면 우리는 아주 주목할 만한 결론에 도달할 수 있다. 결국 한 인간의 존엄성에 해를 가할 수 있는 사람은 자기 자신 밖에 없다는 것이다. 1장에서 언급한 독일연방헌법 1조 1항의 '인간의 존엄성은 침해되지 아니한다' 역시 같은 맥락에서 이해해보면, 여기에 한 문장을 더 추가해야 할 것 같다. '자신의 존엄성을 인식한 사람에게만 해당된다'는 문장 말이다.

존엄성을 인식하지 못한 사람들은 기대치 못한 대우를 받았을 때 불편한 감정을 느낀다. 뿐만 아니라 이 감정을 정의하거나 상황에 맞게 표현하는 것에도 어려움을 느낀다. 그러다 보니 어떤 사람들은 이 불편한 감정에 휩쓸려 그 감정의 희생양이 되어버린다. 통제할 수 없는 감정의 공격에 휘말리는 것이다. 대부분 이를 통해 자신의 한계를 쉽게 드러내고 또 다시 같은 취급을 받는 상황을 야기한다. 반대로 자신의 감정을 억압하려고 하기도 한다. 자신의 고통을 억누르거나 어떻게든 자신을 위로해줄 만한 일을 해서 기분을 전환하려는 것이다. 하지만 그런 시도는 자신의 상처 입은 존엄성에 대한 대책이나 해결책과는 아무런 상관이 없다.

동시에 특정한 말과 행동으로 다른 사람의 존엄을 해친 사람들 스스로가 불편한 감정에 휩쓸리기도 한다. 타인의 존엄을 해칠 수 있다는 것은 결국 자신의 존엄성을 인지하지 못했다는 뜻이다. 이들은 스스로 그렇게 말하고 행동해도 아무런 문제가 없으며, 더 나아가 그렇게 할 수밖에 없다고 믿는다. 특정한 지위를 얻었으니까, 우월감을 느끼게 해주기 때문에, 타인에 대한 권력을 가졌기 때문에 그렇게 할 수 있고, 해야 한다고 믿는 것이다. 이를 통해 스스로 가치를 확인하고, 타인에게도 그 가치를 인정받을 수 있다고 생각하기 때문에 그렇다. 하지만 이들이 간과하는 사실이 있다. 자신의 가치와 의미를 인정받고자 했던 말과 행동이 오히려 스스로의 가치를 부정하고 있음을 시인하는 꼴이었다는 것. 자기 가치와 인정, 권력을 확인한답시고 자신도 모르게 타인을 자신의 의도와 목적, 기대와 평가, 전략과 규칙의 희생양으로 만들었다는 사실을, 이들은 전혀 인식하지 못하거나 인식한다 해도 그리 중요한 일로 여기지 않는다.

이들의 행동은 존엄하지 않다. 자신의 존엄성을 인식하지 못했기 때문이다.

8장
어떤 세상을 가르칠 것인가

"어린 아이는 순진무구하며, 망각이며, 새로운 시작, 놀이,
스스로의 힘에 의해 돌아가는 바퀴, 최초의 운동, 거룩한 긍정이다."
— 니체

가장 시급한 교육 문제

정보의 시대, 인류 역사상 이렇게 많은 지식이 쏟아지고, 세상 어딘가에서 일어나는 수많은 사건과 새로이 발견되는 사실들, 우리 삶에 중요한 모든 정보를 이토록 효율적으로 전 세계에 공유하는 정보 시스템이 존재했던 적도 없었다. 이처럼 많은 사람이 동시에 접근할 수 있는 광범위한 네트워크도 물론 없었다. 하지만 모든 정보와 뉴스, 새로운 가치관 등은 수신자의 마음을 움직일 때 비로소 가치가 있다. 전 세계로 전파된다고 한들 아무 일도 일어나지 않는다면 그것은 아무 소용이 없을 것이다. 넘치는 정보들 속에 파묻혀 영향력을 행사하지 못한다면, 아무런 변화도 일으키지 못한다면, 그것은 정보가 아니라 한낱 잡담이나 가십에 불과하다.

우리가 수많은 정보를 통해 자연스레 알게 된 사실이 있다. 주식과 부동산과 은행 브로커들이 자신들의 배를 불릴 목적으로 많은 사람을 이용하고 있으며, 대규모 식품업체들이 수익성을 높이는 데에 혈안이 되어 지구 환경과 농·축산업에 가져올 영향 따위는 개의치 않으며, 더 나아가 이런 식으로 생산된 제품들이 소비자들에게 미칠 영향에 대해서도 무관심하다는 것도 말이다. 이러한 사실들을 모르는 것이 아닌데도 마음이 움직이기는 참 어렵다. 나 역시 마찬가지였다. 환경에 악영향을 끼치는 제품들도 수없이 구매했고, 가끔 분노하기는 해도 그뿐, 지금껏 살아온 방식 그대로 살고 있었다.

몇 년 전이었다. 오스트리아 출신 에르빈 바겐호퍼Erwin Wagenhofer 감독의 다큐멘터리 영화를 본 뒤, 나는 변화하기 시작했다. 〈돈을 법시다Let's make money〉(2008)*와 〈먹을거리의 위기We feed the world〉(2005)** 라는 다큐멘터리였다. 사실 이미 알고 있거나, 최소 예상이라도 하고 있던 일들을 다루고 있었다. 하지만 이 두 편의 다큐멘터리를 통해 나는 확신을 얻었다. 금융업계와 전 세계적인 식품 대기업들이 어떤 방식으로 운영되고 있는지를 두 눈으로 확인한 것이다.

이들의 적나라한 악행에 경악했기 때문일까? 정말로 내 마음을 움직인 이유는 따로 있었다. 이러한 현실에 대한 책임이 과연 누구에게 있느냐라는 근본적인 질문을 던지게 된

---

* 세계 금융시장을 추적하며 자본주의 이면의 탐욕을 그려낸 르포르타주. 인도에서 오스트리아까지, 부르키나파소에서 워싱턴 D.C.까지 돈의 궤적을 쫓으면서, 국제 금융시장에서 집약된 자본이 약소국으로 흘러들어가 세금을 피하거나 공공시설을 사유화하는 방식으로 이윤을 남기고 있음을 지적한다.

** 우리의 먹을거리가 어디에서 오는지 UN의 식량권 특별 서기관 장 지글러Jean Ziegler 와의 인터뷰를 통해 충격적인 세계 기아와 식량 생산의 부조리함을 추적한 다큐멘터리다. 라틴아메리카에서 인구의 4분의 1이 기아에 허덕이는 동안, 35만 헥타르의 농지에서 오스트리아의 가축을 먹일 콩이 재배되는 현실을 충격적인 이미지로 제시한다.

것이다. 이토록 사악한 금융 시스템을 고안해내고, 전 세계적으로 시장을 지배하는 식품 대기업을 설립한 사람들은 과연 누구일까. 나는 지금까지 단 한 번도 생각해본 적이 없었다. 겉으로 드러난 정보에 의하면, 이들은 모두 교양 있는 사람들이다. 최고의 학교에서 우수한 성적을 거두어 명망 있는 대학교에서 공부를 하고, 역시 우수한 성적으로 졸업한 이들. 이들은 곳곳에서 승승장구하기를 거듭해 마침내 책임자의 자리에 앉았고, 이 두 편의 다큐멘터리 영화가 보여주고 있는 만행들을 순순히, 그것도 강한 확신과 엄청난 동기부여를 가지고 추진해나갔다.

이들은 타인을 희생시켜 제 배를 불리고, 수익을 올리는 데 혈안이 되어 있을 뿐, 그것이 가져올 폐해에 대해서는 눈 하나 깜빡하지 않았다. 도무지 믿을 수가 없는 일이었다. 하지만 무엇보다 내 마음을 흔들고, 며칠 밤을 지새우게 만든 것은 이들이 바로 우리가 이상적인 교육 환경이라고 표현하는 곳에서 성장한 엘리트들이라는 사실이었다. 그 교육이 스스로의 존엄함에 대한 인식조차 심어주지 못했음을 이들이 몸소 증명하고 있었다. 소위 엘리트 학교, 일류 대학이라고 불리는 곳에서 이들이 경험한 것은 진정한 의미의 교육이 아니었다. 이들은 그저 이익의 극대화라는 목표를 실현하기 위해 타인을 넘어 다른 모든 생명체를 대상화하고 이용할 수 있도록 영리한 지식과 능력을 습득했을 뿐이다.

이 두 편의 다큐멘터리 영화는 오늘날 우리의 교육기관에서 어떤 일이 벌어지고 있는지를 적나라하게 보여주고 있었다. 심지어 이들은 '우수한' 졸업생이었을 것이다. 이 깨달음이 내 마음을 움직였다. 이것이 바로 내가 이 책을 쓰기로 결심한 이유 중 하나다.

대책이 아니라 기다림이 필요하다

어떻게 하면 인간으로서의 존엄을 인식할 수 있도록 서로를 도울 수 있을까. 최고 교육기관에 들어가서도 존엄성을 인지하는 경험이 불가능하다면 어디에서 그 가능성을 찾을 것인가. 부모와의 관계에서? 아이가 처음 맺는 관계인 부모와의 관계에서 이를 기대하기는 생각만큼 쉽지 않다. 부모 스스로가 자신들의 존엄함을 인식하지 못하고 있다면 말이다. 아이들이 존엄성에 대한 감각이 강화될 수 있는 최초의 교육기관은 바로 유치원이다. 하지만 이마저도 최근 독일에서는 유치원을 의미하는 '킨더가르텐Kindergarten'이 '킨더타게스

슈테테^{Kindertagesstätte}'라는 단어로 대체되고 있다. 이는 오늘날 유치원에서 가장 중요하게 여기는 것이 무엇인지 단적으로 보여준다. '어린이 정원'을 의미하는 킨더가르텐은 아이들이 최소한 그곳에서 놀거나 새로운 것을 시도하고, 그곳에서 성장하는 것들을 돌본다는 의미를 포함하고 있다. 하지만 '킨더타게스슈테테'는 어떤가. '어린이 주간 보호소'. 단순히 아이들을 맡길 수 있다는 것을 의미하는 단어 그 이상도 이하도 아니다. 무언가를 배울 수 있는 장소가 아닌 것이다. 이제 유치원은 더 이상 아이들이 저마다의 잠재력을 펼치고 자신의 존엄함을 깨닫는 곳이 아니라, 그저 하루 종일 부모가 직장에서 일하는 동안 머무는 곳에 불과하다.

　여기서 부모가 할 수 있는 일은 교사들이라도 이러한 현실을 이해하고, 존엄성에 대한 인식을 강화하는 데 관심 가져주기를 희망하는 것뿐이다. 교사가 맡은 아이들을 대할 때 기대나 평가, 지도나 성장 전략의 대상으로 삼고 있는지 아닌지를 관찰하면 되는 것이다. 나아가 무엇보다 아이들을 대하는 교사들의 태도가 변화하도록 도움을 주어야 한다. 교사들 각자가 존엄한 관계를 맺을 수 있도록 다양한 교육기관의 교사 집단을 지원해줌으로써, 이 교사들이 자기 존엄성에 대한 분명한 관념과 의식을 갖게 된다면 더 이상 아이들을 '키

아이들은 가지시렁이 아니다.
열매를 많이 맺도록 잘라낸다거나,
철사로 고정할 수 있는 존재가 아니다.

운다'는 표현이 필요 없게 될 수도 있다. 당연한 일 아닌가. 아이들은 가지시렁이 아니다. 열매를 많이 맺도록 잘라낸다거나, 철사로 고정할 수 있는 존재가 아니다.

이처럼 더 많은 부모와 교사들이 아이들 각자가 가진 가치를 깨닫게 해주고, 한 개인으로서 갖는 의미에 대한 인식을 보다 강하게 일깨워주기를 기대할 뿐이다. 학교에 들어가기 전 최대한 많은 아이들이 그와 같은 경험을 할 수 있다면 더 좋을 것이다. 아이들은 이런 경험을 토대로 스스로 공부하는 법을 배울 것이며 다른 사람과의 관계에서 상대의 존엄성을 해치려고 하지 않을 것이다. 인간관계에서 자신의 역할을 능동적인 창조자로 이해하고 있는 아이들은 다른 사람과의 만남을 통해서도 훨씬 더 많은 것을 배우게 된다.

자아상은 공동체 안에서의 소속감을 기반으로 형성되어, 일종의 내면의 나침반으로서 타인의 존엄을 해치지 않는 관계를 맺을 수 있도록 이끌어준다. 하지만 이와 같은 자아상이 형성되기까지는 시간이 필요하다. 이는 가르칠 수 있는 것이 아니다. 다른 사람들과의 유익한 경험을 통해 모든 아이들이 스스로 형성해야 하는 것이기 때문이다. 이를 통해 갖게 되는 자아 성찰과 자아 형성의 과정에 급행은 없다. 아이가 보호받는 가운데 필요로 하는 만큼의 여유가 반드시 주어져야만 한다.

라틴어에서 수업, 학교, 학파를 의미하는 '스콜라schŏla'는 '여유'를 의미하는 그리스어 '스홀리σχολή'라는 단어에서 유래했다. 즉, 공부라는 것은 충분히 여유가 있어야 할 수 있다는 의미다. 하지만 오늘날의 학교에서는 이처럼 자기 결정과 자기 발견을 위해 필요한 여유를 찾아볼 수가 없다. 그 어디에도 아이들이 재미있는 놀이를 통해 자신에게 잠재된 끼와 재능을 찾아보거나 스스로 무언가를 발견하고, 다른 사람과 함께 즐겁게 만들어갈 본성을 발휘할 곳이 없기 때문이다. 그 대신 우리 아이들은 수업을 듣고, 지도를 받고, 통제당하며, 감시되고, 평가를 받는다. 어른들의 기준에 맞게 만들어낼 수 있는 대상으로 취급당하는 것이다.

이러한 환경 속에서 아이들이 배움에 대한 흥미를 잃는 것은 당연한 일이다. 어릴 때부터 무엇을 어떻게 해야 하는지, 반드시 해야 할 일은 무엇인지, 무엇을 배우고, 어떤 능력을 가져야 하는지를 끊임없이 지시받으며 자라온 사람이 대체 무슨 능력으로 자신이 누구인지, 무엇에 관심이 있고 즐거워하는지, 인생의 가치는 어디에 있는지, 더 나아가서는 어떤 인간이 되기를 원하는지를 스스로 알아내겠는가. 과연 우리 아이들에게 이를 위한 여유가 주어진 적이 있는가. 무슨 수로 우리 아이들이 이 복잡한 자기 발견의 과정에서 기초가 되어줄 그 많은 경험을 할 수 있겠는가 말이다. 나라는 존재에 대해 생각하고, 어떤 인생을 살고 싶은지, 타인과의 관계는 어떻게 맺고 싶은지 생각할 수 있는 시간과 여유는 대체 어디에 있단 말인가.

나는 두 편의 다큐멘터리 영화를 보면서 우리의 교육 체제가 결코 존엄에 대한 아이들의 지각을 강화하는 방향으로 흘러가고 있지 않으며, 심지어 흉내조차 내고 있지 않다는 사실에 적잖은 충격을 받았다. 하지만 그보다 나를 혼란스럽게 만든 것은 이 깨달음에서 파생된 질문들이었다. 유치원과 초·중·고등학교, 직업학교와 대학을 책임지고 있는 사람들은 과연 존엄성을 인식한다는 문제를 중요하게 여기고 있을까. 단 한 번이라도 누군가가 이 문제에 관심을 가진 적이나 있었을까. 그랬다면, 왜 손을 쓰지 않았을까. 그렇다. 우리는 결국 교육자들 또한 자기 존엄성을 인지하지 못하고 있다는 결론을 내릴 수밖에 없다. 그렇지 않았다면, 지금과는 다른 규칙을 만들었을 것이고, 다른 교과과정을 개발했을 것이며, 교육 환경을 다르게 구성했을 것이다.

우리 아이들과 청소년들이 존엄에 대한 신념과 인식을 형성하고 강화할 수 있도록 돕는 것이 아니라면 대체 교육기관을 이끄는 주체들의 관심사는 어디에 가 있단 말인가. 지식과 능력을 주입하는 것? 경쟁력을 강화할 수 있도록 돕는 것? 이후 직업인으로서 요구받을 것들을 미리 준비하는 것? 성과에 대한 확인과 평가? 이는 학생들을 수업과 지도의 대상이자, 목적과 의도, 기대와 평가의 대상으로 여길 때에나 있을 수 있는 일이다. 이런 대우를 받은 아이들은 성장하는 동안 스스로 발견하고 창조하기를 즐기는 인간의 본성을 억제하게 된다. 이렇게 주체성을 빼앗긴 아이는 결국 자기 존엄성을 억누르게 된다는 사실을 이들은 알 수 없을 것이다.

수많은 아이들과 청소년들이 실제로 현대의 교육기관에서 이러한 경험을 하고 있는 것이 현실이라면 이는 매우 비참한 일이다. 그렇다면 우리는 아이들과 청소년들이 현대 교육기관의 '수단'이 되는 것을 허락하고 있는 것이며, 이를 감수할 것을 요구했고, 스스로의 존엄성 역시 억누를 것을 허용한 것이다.

조금 더 신랄하게 표현하면 이러한 조건 속에서는, 우리 아이들 역시 이와 같은 교육기관에서 일어나는 일들에 대해 책임을 진 어른들과 마찬가지로 존엄하지 않은 인간이 될 수밖에 없다는 소리다. 이 아이들이 성장해 성인이 되고, 모든 생각과 행동을 통해 존엄성에 대한 결핍을 표출하는 것도 놀라운 일이 아니다. 우수한 성적으로 졸업을 하고, 책임자의 위치에 앉은 사람이라고 다를 바 없다. 하지만 책임자들로 하여금 존엄성을 재발견하고, 이를 토대로 존엄에 대한 관념과 인식을 형성할 수 있도록 돕는 방법이 과연 무엇인가는 또 다른 문제다. 이는 교육을 통해서도, 법이나 규정을 통해서도 불가능하다. 이 경우, 또 다시 한 개인은 특정 '대책'의 대상이 되어버리기 때문이다. 이와 같은 인식의 과정이 진행되기 위해서는 우선 스스로가 그것을 원해야 한다. 타인과의 관계가 보다 존엄하게 형성되기를 바라는 마음, 그것이 우선적으로 존재해야 한다. 하지만 이는 그 누구도 강요할 수 없는 일이다. 단지 권유하고, 격려하고, 자극을 줄 뿐.

이는 이미 존엄성을 인식하고 있는 사람들이라면 가능한 일이다. 다시 말해 한 인간의 존엄함에 대한 인식은, 행동으로서만이 아니라 존재 그 자체로 스스로의 존엄함을 드러내고 있는 부모와 동료, 선배들을 통해 학습이 가능하다는 뜻이다. 존엄한 존재로서 다른 사람들에게도 영향을 미치고, 다른 이의 마음을 이끄는 무언가를 가진 사람들. 그들이 스스로를 얼마나 아끼고 있는지는 일단 만나보면 모두가 알아차릴 수 있다. 이들에게는 삶을 이끌어가는 내면의 나침반이 있기에 늘 평안하고 유혹당하지 않으며, 존엄성을 무너뜨리는 그 어떤 것도 허용하지 않는다. 그래서 타인을 자신의 의도나 기대, 평가의 대상으로 만들지도 않는다.

바로 이들이야말로, 다른 사람들이 각자의 존엄함을 인식할 수 있도록 권유하고 격려하며 자극할 수 있는 사람들일 것이다.

교육의 의미를 다시 묻다

아마도 당신은 이렇게 대답할지 모른다. 그런 사람들이 과연 있기는 하냐고. 나는 있다고 생각한다. 오히려 나는 시대마다 사회마다, 하물며 좋지 않은 상황 속에서도 이와 같은 사람들이 분명히 있어왔으며 여전히 있으리라고 깊이 확신한다. 더 나아가 우리가 생각한 것보다 스스로의 존엄함을 인식하고 있는 사람들이 훨씬 많을 것이라고 믿는다. 문제는 갈수록 급해지고 복잡해지고 소란스러워지는 세상 속에서는 이들을 발견하거나 귀 기울이지 못하고 지나쳐버릴 가능성이 크다는 사실이다.

존엄한 사람의 기본적인 특징 중 하나는 섣불리 나서지 않고, 주의 깊고 신중하다는 것이다. 이들은 무언가가 자신의 존엄함을 해치려고 위협하는 상황에서만 모습을 드러내고,

목소리를 높인다. 이들은 오히려 매일같이 온갖 일에 일일이 관여하는 사람들의 행동을 '존엄하지 않다'고 여기며, 조용히 적당한 거리를 둔 채 자신에게 주어진 역할에 대해 생각하기를 좋아한다. 문제가 바로 이것이다. 존엄함에 상처를 입지 않는 한 평온함을 유지하기 때문에, 그저 자신의 관심사에만 정신이 팔려 큰 소리로 선동하는 이들이 대신 기준을 세우고 이익을 실현하도록 내버려두게 되는 것이다. 앞뒤 재지 않고 자신의 관심사를 밀어붙이는 사람들이 보다 큰 성과를 거두고, 더욱 배를 불리는 이유도 여기에 있다. 다른 사람들을 희생한 대가로 특권과 권력, 영향력을 얻은 그들은 오늘날 우리 사회의 발전 방향을 결정할 힘 또한 가지고 있다.

한 사람의 말과 행동을 통해 드러난 존엄함이 사회의 발전에 큰 영향을 끼치던 시대도 있었다. 교육에 대한 접근이 아주 소수의 사람들에게만 허락되었던 시대, 지금보다 존엄함에 대한 인식을 훨씬 중요한 교육의 목적으로 여기던 시대가 그랬다. 하지만 그 시대는 이제 지나가고 없다. 오늘날의 글로벌 디지털 사회에서는 먼저 목소리를 높여 주목을 받고, 다른 사람을 기만하고, 남에게 영리하게 책임을 떠넘길 수 있는 사람만이 명예와 권력, 영향력을 손에 쥘 수 있다. 이렇게 성공을 거둔 사람은 세상의 존경을 받으며, 존엄하지 못한 한 인간의 모범이 되는 것은 물론이다. 자기 존엄성에 대한 인식이 형성될 기회, 그 기회를 단 한 번도 가져보지 못한 아이들에게 잘못된 본보기가 되고 있는 것이다.

그렇기 때문에 지금이어야 한다. 인간으로서 존엄한 삶을 살고 있는 사람들이 일어나야 하는 시대가 온 것이다. 이토록 존엄하지 않은 인류의 발전을 그들이 아니라면, 대체 누가 멈출 수 있단 말인가. 오해의 여지가 없는 명확한 말로, 존엄한 행동으로 스스로의 존엄을 지킬 뿐 아니라 아직 깨닫지 못한 사람들에게 책임지고 보여주어야 한다. 가만히 앉아 존엄하지 않은 타인의 행동을 최대한 이해하려고 노력하는 것만으로는 충분하지 않다. 격분해봐야 소용도 없다. 자신의 모습을 드러내고, 공개적으로 입장을 표명하고, 더 이상 이렇게는 안 된다고 목소리를 높이고, 자신이 가진 가능성 안에서 인간의 존엄함이 더 이상 짓밟히지도, 다치지도, 억눌리지도 않게 해야 한다고 말해야 하는 것이다. 이는 사회의 모든 영역에 필요한 변화다. 하지만 그중에서도 가장 시급한 것이 바로 교육이다. 자라나는 아이들로 하여금 스스로의 존엄함에 대한 인식을 형성하도록 도울 기회가 이곳에는 아직 있을 것이기 때문이다.

국민총생산은 지속적으로 증가하고 고도 소비사회로 진입

한 지 오래이지만, 이곳의 정치인들은 여전히 더 잘 사는 나라를 만들겠다는 약속을 하고 있다. 이들이 여전히 득세하는 한 변화는 없을 것이다. 학교를 벗어나 이런 사회의 구성원으로 자리 잡게 될 우리 아이들은 자신의 의지에 따라 사랑받고 가치를 인정받으며 창의력을 발휘할 기회를 영영 잃게 될 것이다. 일터에서는 물론 일상의 전 영역에서 스스로의 존엄에 대한 관념과 인식을 강화하는 데 도움을 줄 동료나 상사, 이웃을 만나기는 더욱 어려울 것이다. 그렇게 나이가 들어 약해지고 쓰러졌을 때, 그리하여 끝내 요양원에 들어가게 될 때, 의료기관의 수단으로 전락한 자기 삶을 발견하게 될 것이다. 이러한 디스토피아의 악순환을 끊는 일은 교육의 변화에서 시작해야 한다.

반복해서 말하지만 자기 존엄성을 인식하는 능력은 그 사람의 재산이나 지위, 명예와는 아무 상관이 없다. 존엄함이란 인간이 다른 인간을 대하는 방법, 인간이 인간을 위해 책임을 지는 태도의 문제다. 얼마나 존엄한 관계를 맺느냐의 문제인 것이다.

9장
더 이상 수단으로 살지 않기 위하여

"목적의 왕국에서는 모든 것은 가격을 갖거나 존엄성을 갖는다.
가격을 갖는 것은 같은 가격을 갖는 다른 것으로도 대치될 수 있다.
그러나 같은 가격을 갖기를 허락하지 않는 것은 존엄성을 갖는다."
__이마누엘 칸트

'이기적 유전자'라는 도그마

나는 꽤 오래 전부터 전 세계를 다니며 다양한 국가의 다양한 사람들을 만나왔다. 내가 다녀간 곳들 중에는 낯선 도시와 한적한 외딴 지역, 여전히 인간의 발길이 닿지 않은 곳도 있었다. 어떤 이유에서인지 오래 전에 버려진 곳도 있었다. 사실 멀리까지 갈 필요도 없이 우리 주변에서도 이와 같은 장소들을 쉽게 만날 수 있다. 모든 것이 무너지고 나무와 덤불이 그 위를 덮고 있어 과거에 사람이 살았던 곳으로 보이지 않을 뿐이다.

나 역시 사는 곳 주변에 있는 폐허에 이따금 방문하곤 한다. 몇 세기 전만 해도 이곳은 사람들이 살던 마을이었다. 30년전쟁(1618~1648년) 이후 무너져 지금은 폐가와 재건한 교회만이 남아 있지만 말이다. 당시 이 마을은 전선의 한가운데 있었다고 전해진다. 정확하게는 가톨릭과 프로테스탄트 지역의 경계이자 양쪽 군대의 경계였다. 이 마을은 가톨릭과 프로테스탄트에 의해 교대로 공격을 당했고, 사람들이 살던 집은 잿더미가 되었다. 시간이 흘러 그 위로 풀과 덤불, 나무가 자라나기 시작했다. 그리고 오늘날 사람들은 이곳이 한때 번성한, 살아 있는 마을이었다는 것을 인식하지 못한 채 이곳을 지나간다. 과거 인간에 의해, 인간의 의도에 따라 만들어지고, 또 다른 의도를 가진 또 다른 인간에 의해 무너진 곳. 그 후 이곳은 스스로 생산할 수 있을 만큼의 에너지만을 소비하는 생태계, 즉 식물들의 세상으로 돌아왔다.

이 황폐함 앞에 나는 인간이 창조력을 발휘하여 수고롭게 쌓아 놓은 모든 것이 언젠가는 다시 무너지리라는 것을 확신했다. 현재 우리가 살아가는 곳, 마을과 도시도, 경작지와 공원도 언젠가는 그렇게 다시 스스로 살아가는 자연의 일부가 될 것이다.

끊임없이 번영하리라 믿었던 우리 커뮤니티 안에서도 열역학 제2법칙의 원리는 예외 없이 작동한다. 바로 마을을 유지하기 위해 필요한 에너지가 극도로 증가할 때 그렇다. 계속되는 침략과 전쟁의 폐해에 제대로 대처하지 못하거나 자연 재해나 흉작으로 어려움을 겪는 등, 마을 사람들에게는 언젠가 버티기 힘든 상황이 닥칠 수 있다. 이 때문에 자원이 부족해지면 인간들은 저마다의 이해관계에 따라 집단을 구성하기 마련이다. 이는 오늘날도 마찬가지다. 생존을 위해, 재산을 지키기 위해 사람들은 같은 신념과 목표를 가진 이들과 함께 힘을 모은다. 그리고 생존을 위한 이 선택은 아이러니하게도 모든 인간을 공존하게 했던 공동의 방향성을 상실하게 만드는 결과를 낳았다. 일관성 있는 공동의 관심사를 따르는 대신 이해관계를 둘러싼 갈등에 에너지를 소비하기 시작한 것이다.

20, 30년 전만 해도 나는 생물학자로서 개체의 생존과 번성을 중요하게 여기는 것이 모든 생명체의 본능이라고 굳게 믿고 있었다. 먹고 먹히고, 번성하고 멸종하고……. 모든 것이 생존과 번성이라는 질서를 중심으로 돌아가며, 그 본성이 거의 모든 것을 설명해줄 수 있다고. 특히 생존을 둘러싼 경쟁 속에서는 가장 힘이 세고, 가장 많이 번성하는 개체만이 살아남을 수 있다고 나는 생각했다. 지난 세기, 생물학자들이 마치 진언하듯 했던 도그마가 바로 이것이었다.

유전자가 모든 것을 결정한다고 믿던 시대가 지나고, 인간 뇌가 가변적이라는 사실이 밝혀졌다. 한때 나는 생물학자들로부터 시작된 진화론적 믿음이 한 시대를 지배하는 도그마를 강화하고 유지하는 데 기여하고 있다는 사실을 깨닫고 조금 충격을 받았다. 한 사람을 주체로 만드는 지능이나 창의력, 용기, 호기심, 창조력 같은 것들이 대부분 유전적인 시스템에 의해 태어날 때부터 거의 정해져 있다는 전제 하에서, 우리는 현재 스스로의 모습을 당연한 것으로 여길 수밖에 없다. 이는 동시에 타인을 향해 휘두르는 잣대가 되기도 한다.

인간이 공존하는 형태와 방식도 자연히 그러해야 한다고 믿게 되기도 한다. 인간이 이룬 기술의 발전, 그 기술을 적용한 기계와 장치, 그리고 그것을 기반으로 한 경제·정치·사회적 구조는 바로 이러한 믿음에서 자유롭지 못하다.

기업들은 계속해서 발전을 거듭했다. 금융상품과 식품 제조업, 의학, 연구, 운송업 등 기업 운영에 적용되는 방법과 과정도 끊임없이 개선에 개선을 거듭한다. 하지만 가장 기능이 뛰어난 존재로서, 각 사회의 안정성과 구조를 지켜야 할 의무를 가지고 있는 인간은 그렇게 하지 못했다. 정작 어떤 인간이 될 것인지, 어떻게 하면 보다 인간적으로, 존엄하게 공존할 수 있는지, 어떻게 해야 개인이 가진 잠재력을 최대한으로 발휘할 수 있는지에 대해서는 자문할 필요가 없었다.

우리는 앞으로도 한동안 지금처럼 살 수 있다. 지금과 같은 모습으로 공존하는 게 잠깐은 가능할 것이다. 하지만 이러한 삶의 방식을 장기적으로 유지하기는 어려울 것이다. 지금까지 해왔던 대로 그저 살아간다면, 머지않아 이 황폐한 곳에 살았던 과거의 누군가와 같은 운명을 맞이하게 될 것이기 때문이다. 우리가 발명한 기술과 마찬가지로, 인간도 스스로 발전하지 않으면 인간으로 살아갈 수 없다. 지금의 우리는 더 이상 이주할 공간조차 없다. 더는 과거처럼 어딘가로 떠나, 하던 대로 과거와 같은 목표를 따라, 똑같은 문제를 일으키며 살아갈 수가 없다는 뜻이다. 이제 우리에게 남은 방법은 한 가지뿐. 인간의 생각에 맞게 세상을 바꾸는 것이 아니라, 인간의 생각을 스스로 바꾸는 것. 물론 이는 쉽지 않을 것이다. 너무나도 긴 시간 동안 인류는 우리의 모습을 지켜왔고 관성대로 사는 데에만 익숙하기 때문이다. 하지만 이제는 발전의 방향이 중요한 시대가 되었다. 그리고 이러한 시대적 요구에 응하기 위해 우리는 그 어느 때보다 간절히, 무엇이 우리를 인간답게 만드는지에 대한 관념과 인식을, 즉 내면의 나침반을 필요로 하고 있다.

새로운 연결 회로의 탄생

한 사회에 존엄을 인식한 이들의 존재가 얼마나 중요한지를 살펴보는 데 무엇보다 흥미롭고 확실한 사례 중에 하나가 바로 동유럽 국가들의 몰락이다. 당시 구소련의 공산당 독재정권 하에 유지되던, 바르샤바조약기구에 속한 국가들이 붕괴한 것이다. 헝가리에서 시작된 이 반란은 1968년 체코슬로바키아의 민주자유화운동인 프라하의 봄으로, 1980년대

폴란드의 솔리다르노시치Solidarność, 즉 자유 노조 운동*으로
이어졌으며, 구동독의 몰락으로 정점에 이르렀다.

　1980년대 중반만 해도 권력자들이 만든 구조가 몇 년 안
에 완전히 붕괴되고 해체되리란 사실을 예상한 사람은 아무
도 없었을 것이다. 이 혁명의 단초가 된 것은 바로 시민들이
었다. 더 이상은 국가가 가진 계획과 압력의 수단이 되는 것
을 허용하지 않겠다는 시민들이 그 수를 불리기 시작한 것이
다. 인간으로서의 존엄함을 인식하기 시작한 사람들이었다.
이들은 매주 월요일, 어느 정도 안전을 확보할 수 있는 교회
에 모여 촛불을 들고 "비폭력"이라는 구호를 외쳤다. 도시의
거리에서, 광장에서 인간의 존엄함을 알린 것이다.

　하지만 당시 권력을 휘두르고 있던 동독 정부는 시민들
의 평화 시위를 저지할 근거를 찾아내지 못했다. 갈수록 많
은 시민들이 이 시위의 취지를 인지하고 "우리가 주권자인
국민이다!"라는 구호를 외치는 데 동참했다. 그렇게 권력자
들에 의해 만들어진 통제와 지배, 감시 구조는 무너져내렸
다. 억압되고, 통제되고, 종속되어 있던 시민들이 스스로의

● 1980년 여름 '폴란드 위기' 때 일약 각광을 받았던 레흐 바웬사Lech Walesa가 이끄는 폴
　란드 자주관리노조의 정식 명칭으로, 1천만여 명의 노동자가 참가하였다. 전국적으로 확
　산된 이 운동은 폴란드 민주화·자유화를 향한 조류의 원동력이 되었다.

자신들을 억압하던 대상이 사라졌다고 해서,
이들의 뇌에 형성된 연결 패턴이 사라지는 것은 아니다.
그렇게 역사는 반복된다.

주체성을 발견하고, 수단으로 취급당하는 것을 거부하기 시작하면서, 억압의 체제가 스스로 힘을 잃고 붕괴하기에 이른 것이다.

물론 스스로 창조할 수 있는 기회와 자유에 대한 요구가 반드시 자기 존엄성에 대한 인식을 동반하는 것만은 아니다. 억압에서 벗어나는 것만으로는 인간의 뇌에 근본적인 변화가 일어나지 않는다. 수단으로 취급받고 이용당했던 경험에서 벗어나고자 마련한 해결책에 사로잡혀 있을 뿐이다. 이들의 삶을 지배하는 것은 여전히 과거의 사고와 감정, 행동이다. 그렇기 때문에 이들에게 권력이 돌아갔을 때 이들이 가장 쉽게 고안해내는, 가장 효과적인 해결책이 바로 다시 타인에 대한 억압으로 돌아가는 것이다. 즉 다시 타인을 자신의 기대와 평가, 행동의 수단으로 여기는 것이다. 자신들을 억압하던 대상이 사라졌다고 해서, 이들의 뇌에 형성된 연결 패턴이 사라지는 것은 아니기 때문이다. 그렇게 역사는 반복된다. 억압을 타파하는 데서 더 나아가 스스로의 존엄함에 대한 인식을 강화할 수 있는 경험이 반드시 필요한 이유다.

어느 날 갑자기 자유민주주의 국가에 살게 되었다고 해서 존엄함에 대한 인식이 생기는 것은 아니다. 다른 이들에게 존중받고, 가치를 인정받고, 진정성 있게 대우받는다는 느낌이 반드시 필요하다. 더 이상 물건처럼 취급당하지 않는다는 것을 스스로 깨달아야 하는 것이다. 사회 구성원 모두가 (정치인과 사상가, 직장 상사나 교사, 행정 관료 들까지도) 스스로의 존엄함에 대한 감정과 생각, 인식 강화에 도움을 주고 있다는 것을 경험해야 한다는 뜻이다.

수많은 사람이 존엄한 방식으로 인간을 대하고, 공존하는 데 실패하고 마는 원인은 결국 뇌의 문제가 아니라, 인간관계에서의 고통스러운 경험이다. 이와 같은 경험이 없었더라면 타인 혹은 자신을 스스로의 기대와 목적, 의도, 평가, 전략의 수단으로 여기는 해결책을 만들어낼 필요도 없을 테니까. 그리고 이런 과정이 없었더라면 이와 같은 행동을 야기하는 뉴런의 연결 패턴들이 형성되지도, 뇌에 뿌리를 내리지도 않았을 것이다. 긍정적인 경험들로 전혀 다른 연결 패턴들을 형성하고 강화했을 것이다. 사람들의 생각과 감정, 행동 또한 존엄함에 대한 감정과 인식을 기반으로 형성되었으리라.

그렇다. 우리 뇌의 근본적인 변화는 아직 이루어지지 않았다. 하지만 몇 년 안에 첨단 과학기술의 발전이 불러올 거대한 변화 앞에서 우리에게 남은 시간은 그리 많지 않다. 최소한 당연하게 보이는, 변할 수 없을 것처럼 보이는 모든 것에 대해 되돌아볼 수 있는 어떤 철학과 신념이 그 어느 때보다 필요하다.

자신의 생각과 행동을 이끌어줄 내면의 나침반을 가지고 있는 사람은 방향을 잃지 않고 유혹에 흔들리지도 않는다. 존엄성을 인식한 사람은 그것을 잃지 않기 위해 노력한다. 이렇게 살아야 더 행복하다고, 이것이 있어야 더 행복하다고 말하는 사람들에게 쉽게 설득당하지도 않는다. 더 행복한 삶을 살 수 있다고 현혹하는 각종 광고나 영상, 조언이나 제안은, 자신을 스스로 생각하고 결정할 능력이 없는 사람으로 여기는 태도, 다시 말해 존엄하지 않은 대우로 인식하고 거부한다.

뿐만 아니라 이들은 주는 사람 스스로의 존엄함을 해치는 제품이나 서비스를 결코 허락하지 않는다. 돈을 위해 홍등가처럼 인간을 전시하는 곳에도 가지 않으며, 노동자들을 약탈하고 악용하여 만든 상품도 구매하지 않는다. 존엄한 사람들은 스스로 자신의 가치와 의미를 찾는다.

자신이 소유하고 있는 것이나 자기 존재 자체에 대한 높은 평가나 인정을 필요로 하지도 않는다. 자신의 가치와 의미를 느끼게 해줄 권력이나 영향력, 재산, 상징, 지위, 자리 또한 갈구하지 않는다. 다른 사람의 존엄함을 해치지도 않는다. 상대방을 자신의 의도와 평가, 목적의 수단으로 삼지 않

존엄한 사람들은
스스로 자신의 가치와 의미를 찾는다

는 것이다.

이 이야기는 얼마든지 계속 이어갈 수 있다. 하지만 이 몇 마디만으로도 우리는 오늘날 우리의 주변을 둘러싸고 있던, 변하지 않을 것처럼 보였던 수많은 것이 얼마나 불필요하고 쓸모없으며, 헛된 것이었는지를 확인할 수 있다. 우리 사회가 존엄함을 인식하는 사람들이 늘어날수록 주변의 많은 것이 서서히 힘을 잃고 결국에는 사라져버릴 것이다.

물론 이 인식화의 과정에 이르기까지는 시간이 걸리겠지만 이를 막을 수도 없을 것이다. 이는 이미 우리 안에 있는 가능성이고, 우리가 가지고 있는 잠재력이기 때문이다. 개인의 의도와 목적, 기대와 평가, 심지어 전략과 지시의 수단으로 서로를 여기는 한, 이 가능성과 잠재력은 빛을 발할 수 없다. 하지만 가정 안에서, 이웃 공동체 안에서, 한 사회 안에서 서로를 한 인격으로 대하는 환경이 조성되면 이 잠재력은 반드시 빛을 발한다. 이는 개인의 잠재력에 그치지 않고 한 사회의 눈부신 발전으로 이어지는 것이다.

애정과 보호를 갈망하면서 한편으로는 주체성과 자유를 갈망하는 인간의 욕구를 무참히 짓밟는 관계는, 지금까지 인간과 사회가 가진 잠재력을 억누르는 단 한 가지 원인이었다. 이 과정에서 감당할 수 없이 아주 많은 에너지가 소비되었음은 자명하다. 시스템의 생명력을 유지하는 데 드는 에너지가 감당할 수 있는 수준을 넘어서는 순간, 그 시스템은 붕괴하기 시작한다. 마치 인간들이 떠나버린 황무지처럼.

나는 다시 황무지 앞에 선다. 다양한 풀과 꽃, 덤불과 나무 그리고 그와 더불어 살아가는 벌레, 도마뱀, 새……. 이들이 공존하는 다채롭고 다양한 사회는 본래 자연적으로 형성되었다. 이곳의 식물과 동물들은 공존을 위한 최고의 방법을 찾아내는 데 이미 성공했다. 그렇게 완성된 것이 이 자그마한 생태계이다. 이들에게는 공존이 그리 어렵지 않은 일이었을 것이다. 인간과 달리 삶을 위해, 공존을 위해 중요한 가치가 무엇인지를 개별적으로 고민할 능력이 없으며 그것이 필요하지도 않기 때문이다. 자신의 이익을 위해 남을 이용할 줄도 모른다.

이상하게 들릴지도 모르겠지만, 그렇기 때문에 우리는 이 작은 존재들 앞에 존엄함을 느낀다. 데이지와 방울내풀, 모래장지뱀과 밤꾀꼬리의 존엄함 앞에 서게 되는 것이다. 이들은 우리만큼 능력이 많지 않기에 애초에 정해진 모습, 그 이상의 존재가 되기를 기대할 수 없다. 그렇기 때문에 이들에게는 스스로의 존엄함에 대한 관념도, 인식도 필요하지 않다. 하지만 우리 인간은 다르다. 먼저 인간이 된다는 것이 무엇을 의미하는지부터 알아야 한다. 그리고 이는 내면의 나침반, 즉 스스로의 존엄함에 대한 감정과 관념, 인식 없이는 불가능한 일이다.

이것으로 우리가 이 책의 1장에서 점을 찍었던 원이 완성되었다. 여전히 나는 괴팅겐 인근의 시골 마을에 살고 있다. 어리뒤영벌과 나비, 도마뱀과 멧새, 데이지와 제비꽃이 왜 보이지 않는지를 여전히 자문하며.

주변에서는 효율성을 극대화한, 현대화된 농기구를 이용해 이 땅을 농업공학적인 기업형 경작지로 바꿔나가는 농부들의 모습이 보인다. 아마 이들은 사라진 앵초와 밤꾀꼬리, 멧노랑나비의 존엄함을 무너뜨릴 수 없을 것이다. 하지만 스스로의 존엄함을 해칠 수는 있을 것이다. 그들은 그리고 우리는 얼마나 더 이 고통을 견딜 수 있을까.

살아 있음을 느끼는 삶

인생을 바꿀 수 있는 사람은 없다. 하지만 매 순간, 지금까지와는 다르게 살아갈 것을 결정할 수는 있다. 조금 더 스스로에게 또 타인에게 주의를 기울이고, 존중하며 살아가겠다고.

모든 인간은 매 순간, 지금까지와는
다르게 살아갈 것을 결정할 수 있다.

자기 자신과 자연과 조화를 이루며, 신뢰 속에서 조금은 호기심 넘치는 삶을 살겠다고.

시도만으로도 가치가 있는 일이다. 그리고 어렵지도 않다. 지금까지는 길을 가다 만나는 사람들을 마치 없는 사람처럼 무시하고 지나쳤다면, 가벼운 미소로 인사를 대신할 수도 있을 것이다. 이것을 해라, 어떻게 해라 지시하는 대신 새로운 경험에 도전해볼 수 있도록 타인을 권유하고 격려하며 자극할 수도 있을 것이다. 살아가면서 하는 모든 일에 조금만 더 시간을 내면 되는 일이다. 식품을 살 때도 보다 신중하게 고르고, 가끔은 건강을 위해 운동을 하면서 말이다. 땀이 조금 나면 뭐 어떤가. 땀을 허락하는 순간 살아 있다는 기분을 느끼게 될 것이다.

다시 움직이고, 노래하고 춤을 추며, 연주를 하고, 산책을 하거나, 자전거를 타자. 그 즐거움을 다시 회복하는 것이다. 결코 불가능하지 않다. 당장 오늘부터 시작할 수 있는 것들이다. 그리고 이렇게 살아보면 아주 자연스럽게 지금까지는 느끼지 못한 또 다른 인생의 감정이 자라날 것이다. 이를 통해 우리의 삶도 저절로 변할 것이다. 온몸으로 느낄 수 있을 정도로 즐거움과 사랑, 존엄함이 가득한 인생이 될 것이다. 이와 같은 감정으로 타인을 만난다면, 그 전염성이 얼마나 강한지도 느끼게 될 것이다. 나의 인생을 넘어, 타인과 함께 살아가는 공동의 삶이 변화하는 것이다. 모든 것이 달라질 것이고, 조화를 이룰 것이다.

또한 뇌의 에너지 소비도 자연히 줄어들 뿐 아니라 이를 몸으로도 느낄 것이다. 오히려 에너지가 충전된 것 같은 기분을 갖게 될 것이다. 움직이고 싶고, 살고 싶어질 것이다. 이렇게 당신은, 스스로 존엄한 존재가 되어 스스로를 사랑하게 될 것이다.

에필로그

이 책을 써야겠다는 결심을 하게 만든 두 가지 사건이 있었다. 하나는 오스트리아에서의 강연이었다. 린츠Linz, 혹은 벨스Wels에서 했던 강연으로 기억한다. 시민 문화센터에 약 천 명에 달하는 청중이 모였다. 현재 우리가 살아가는 삶의 모습과 방식, 그리고 그것을 통한 경험들이 우리 뇌에 어떤 영향을 가져오는지를 주제로 강연을 이어갔다.

타인에게 수단으로 여겨지는 것, 반대로 타인을 자신의 전략이나 평가의 대상으로 여기는 것이 왜 문제인지를 꽤 구체적으로 설명했던 것 같다. 그리고 강연이 정점에 이르렀을 때 나는 우리 모두가 매일 존엄하지 않은 행동을 하고 있으며, 우리의 공동체 안에서 스스로의 존엄함을 무너뜨리고 있고, 그러면서도 이를 전혀 인식하지 못하고 있다는 사실을 지적했다. 강연을 하며 단 한 번도 경험한 적 없었던 무거운 침묵이 이어졌다. 하나같이 숨을 쉴 엄두조차 내지 못하고 있는 듯했다. 그때, 맨 뒷자리에서 누군가가 박수를 치기 시작했다. 그리고 이는 마찬가지로 내가 단 한 번도 경험해 본 적 없었던 뜨거운 박수갈채로 이어졌다.

CEO를 딜레마에 빠뜨린 질문

박수 소리가 점차 줄어들었고, 나는 강연을 마무리했다. 그리고 나의 강연이 과연 청중들에게 어떤 영감을 주었을지 생각해보았다. 내가 찾은 답은 하나였다. 모두들 일상을 살면서 자신의 행동이 존엄하지 않음을 느낄 때가 많은 것 같다는 결론이었다. 청중들도 이 사실을 깨달은 모양이었다. 그 사실을 내면의 깊은 곳에 아무렇게나 가두어버리고 외면하면서 안도했을 것이다. 그런데 예상치도 못한 순간, 내가 그 지하의 문을 활짝 열어버린 것이었다.

누군가가 박수를 치기 시작하자, 아무런 말도 하지 못했던 이들의 표정은 놀랍게도 기뻐하고 감사하는 표정으로 변해갔다. 그렇게 애써 깊이 숨겨 놓았던 인식의 일부가 마침내 밖으로 나와 대면하게 된 것에 대해 진심으로 기뻐하게 된 것이다. 이를 통해 나는 여태껏 외면해왔지만 스스로의 존엄함을 인식하고 있는 사람들이 생각보다 훨씬 많다는 확신이 들었다.

이 책의 출간을 자극했던 두 번째 경험은 베를린에서 이루어졌다. 나는 인간이 결정을 내리는 방식에 대한 연단 토론에 강연자 중 한 명으로 참여했다. 나는 다른 강연자들과 마찬가지로 200여 명의 청중 앞에 서서 나의 생각을 전했다. 내 차례가 끝이 날 때 즈음, 갑자기 이상한 충동이 일었다. 나는 그 충동을 참지 못하고 내 옆에 패널로 참여하여 앉아 있던 한 대기업 CEO에게 대뜸 질문을 던졌다.

"당신에게 큰 수익을 낼 수 있는 기회가 주어졌습니다. 그런데 그 기회가 스스로의 존엄함을 무너뜨리는 일입니다. 당신은 눈앞의 이익과 개인의 존엄 앞에 과연 어떤 선택을 하겠습니까?"

나는 그 CEO를 보며 사람이 이 정도로 당황하고, 무력한 모습을 보일 수도 있다는 것을 새삼스레 깨달았다. 한편으로 미안한 마음도 들었다. 그가 어떤 대답을 해야 할지 갈피를 잡지 못하고 있었기 때문이다. 한 기업을 이끄는 수장으로서 스스로의 존엄함을 지키는 것이 기업의 이익을 달성하는 것보다 중요하다는 고백을 공개적으로 하기는 쉽지 않았을 것이다. 그 반대는 또 어떤가. 자신의 관심이 오로지 기업의 이익에만 있다는 것, 그러므로 스스로의 존엄을 무너뜨리더라도 이익을 선택할 것이라고 고백하는 것이 과연 쉬운 일일까? 이번에도 침묵이 좌중을 압도했다.

곧이어 또 다시 박수가 터져나왔다. 내 질문이 그 CEO를 딜레마에 빠뜨렸다는 것을 사람들도 눈치 챈 것이었다. 스스로의 존엄함을 버리고서라도 기업의 이익을 추구하겠다는 고백, 그 고백을 한다는 것 자체가 이 CEO에게 어떤 의미인지를 모두가 이해하고 있었던 것이다.

스스로의 존엄함을 일생의 수많은 필요 가운데 최하위로 두고 있다는 사실을 일깨워주었다는 것만으로 이렇게 기뻐하는 사람들이 많다니. 그렇다면 반대로 다른 사람을 희생시켜 자신의 이익을 채우려고 하거나 혹은 그 대상이 되는 경험 역시 많이 해보았을 것이라는 결론에 도달했다. 그리고 책을 써야겠다고 생각했다. 어쩌면 내가 일깨우려고 노력한 자기 존엄성에 대한 신념과 인식과 이해가, 견고한 내면의 나침반이 되어줄 수도 있을 테니까. 그래서 사랑하는 독자 여러분이 그러한 삶을 살아보겠노라고, 그렇게 더불어 살아보겠노라고 결심하는 데에 용기를 줄 수도 있을 테니까.

감사의 말

여기까지 읽어준 여러분에게 진심으로 감사의 인사를 전한다. 이 책은 나에게도 아주 특별하다. 무엇보다 사랑하는 나의 독자들이 이 책에서 도움이 될 만한 생각들을 찾았기를 바란다.

이미 알고 있었던 것에 대한 확인이 될 수도, 현대사회에 대한 이해가 되었을 수도 있다.

어쩌면 스스로의 삶과 타인과의 관계를 지금보다 조금 더 존엄하게 만들어 나가겠다는 다짐에 대한 자극이 되었을 수도 있다.

무엇보다 이 책을 바로 덮지 않고 끝까지 읽어준 모든 독자들에게 감사의 인사를 전하고 싶다. 문장마다 모두에게 평등한 표현을 사용하는 데 주의를 기울이지는 못했기 때문이다. 혹시라도 읽는 즐거움을 앗아가는 복잡한 문장들로 가득 채운 것은 아닌지 염려된다.

책을 읽다가 혹은 책을 읽은 후에 다른 책들을 찾아 읽으며 참고해야 했던, 그럼에도 끝까지 책을 읽어준 모든 이들에게도 고마운 마음을 전하고 싶다. 나는 전문적인 과학 책을 염두에 두고 이 책을 쓰지는 않았다. 이 책에서 언급된 과학적인 사실들은 이미 잘 알려져 있고, 찾아보려면 인터넷에서도 쉽게 찾아볼 수 있다. 내가 중요하게 여긴 것은 인간의 존엄함과 그 생물학적 기초 사이의 관계였다. 그래서 주로 잘 알려진 과학적 사실과 다른 맥락 속에서 증명된 지식들을 활용했다.

몇 년 전, 나는 저널리스트인 울리 하우저Uli Hauser와 공동으로 《모든 아이들은 특별한 재능이 있다Jedes Kind ist hoch begabt》라는 책을 출간한 바 있다. 울리는 나의 좋은 친구가 되어주었고, 이 책의 2장과 3장을 집필할 때도 쉽게 요점을 잡아 설명할 수 있도록 도움을 주었다. 학문적 용어에 익숙한 나의 필력만으로는 쉽지 않은 일이었을 것이다. 사랑하는 울리에게 진심으로 감사의 인사를 전하고 싶다.

미하엘 H. 바일만Michael H. Beilmann에게도 고맙다. 이 책과 관련이 있는 것은 아니지만 '잠재력 개발 아카데미Initiative der Akademie für Potentialentfaltung'를 관리하며(www.akademiefuerpotentialentfaltung.org) '존엄 나침반'을 통해(www.wuerdekompass.de) 각 도시와 지역 그리고 존엄함 속에서 무언가를 함께 만들어가고, 창조하려는 사람들이 있는 모든 곳에 이 책이 담고 있는 주제를 전파하는 역할을 하고 있다.

이 책은 나의 고백이기도 하다. 그렇기에 나는 지금까지 내 삶의 길을 걸어오는 동안 아주 특별한 방법들로 나의 존엄함을 인식할 수 있도록 도움을 준 모든 이들에게 고맙다는 인사를 전한다.

게랄트 휘터Gerald Hüther

지은이 | 게랄트 휘터Prof. Dr. Gerald Hüther

불안과 우울, 잠재력과 동기 부여 등에 관한 뛰어난 뇌과학 연구 성과를 바탕으로, 삶에 대한 통찰을 대중에게 친숙한 언어로 전하는 독일의 신경생물학자이자 시대를 대표하는 지성인이다.

1951년 동독에서 태어나 라이프치히대학에서 생물학을 전공했으며, 예나대학교에서 동물학을 연구했다. 1970년대 말 서독으로 건너가 막스플랑크 실험의학연구소에서 뇌 발달 장애를 연구했으며, 1995년 하이젠베르크 장학금으로 괴팅겐대학교에 신경생물학 기초연구실험소를 설립, 2016년까지 신경생물학 교수로 재직했다.

게랄트 휘터에 따르면 인간의 두뇌는 관계 속에서 구조화되는 '사회적 기관'이다. 개인의 잠재력과 이를 둘러싼 교육·정치·경제 등 사회적 조건의 관계를 밝히고 실천하는 일은 그의 오랜 학자적 사명이기도 하다. 그 일환으로 2015년 독일과 스위스, 오스트리아 등지에 비영리단체 '잠재적 개발 아카데미akademie für potentialentfaltung'를 설립하여, 각종 포럼과 멘토링, 자원봉사 활동은 물론, CEO와 정치인을 위한 컨설팅을 하는 등, 대안적 삶을 꿈꾸는 모든 이들에게 희망의 단서를 제시하고 있다.

지은 책으로 그의 연구를 총망라한 《인간 뇌 설명서Bedienungsanleitung für ein menschliches Gehirn》를 비롯하여 《불안의 심리학》, 《우리는 무엇이 될 수 있는가》, 《사랑의 진화Die Evolution der Liebe》, 《남자: 연약한 성, 그의 뇌Männer》 등이 있으며, 아동 교육에 관한 다수의 저작이 있다.

《존엄하게 산다는 것》은 '인간다운 삶, 품격 있는 삶이란 무엇인가' 라는 질문 앞에 게랄트 휘터가 필생의 연구에서 길어올린 통찰을 담은 대표작이다. 이 책에서 그는 신경생물학과 발달심리학의 관점에서 21세기 복잡한 세계를 헤쳐나가기 위한 방법으로 '존엄'을 제시하고 있다. 출간 독일 아마존 신경생물학 분야 1위에 올라 무려 26주 연속으로 베스트셀러 10위권을 지킬 정도로 독일 사회에 큰 반향을 일으킨 이 책은, 동시대를 살아가는 우리에게 더 나은 행복의 가능성을 찾아나설 용기를 전해줄 것이다.

저자 홈페이지 www.gerald-huether.de

정리 | 울리 하우저 Uli Hauser

20년 넘게《슈테른》의 리포터로 활동한 언론인으로, 독일의 퓰리처상으로 불리는 테오도르 볼프Theodor Wolff상을 수상했다. 주요 저서로는《우리 삶을 향상시키는 조건들Geht doch!》,《부모가 넘지 말아야 할 선 Eltern brauchen Grenzen》이 있으며, 게랄트 휘터와 공저한《모든 아이들은 특별한 재능이 있다》가 있다.

옮긴이 | 박여명

C채널방송 아나운서. 한국외국어대학교 독일어과를 졸업하고 독일에서 김나지움 과정을 수료했으며, 한국외국어대학교 통번역대학원에 재학 중이다. 현재 번역에이전시 엔터스코리아에서 출판기획자 및 전문번역가로 다양한 책들을 다루고 있다. 옮긴 책으로는《데미안》,《모나리자 바이러스》,《빨간 코의 날》,《개 같은 시절》,《나를 일깨우는 글쓰기》,《두려움 없는 글쓰기》,《SNS 쇼크: 구글과 페이스북, 그들은 어떻게 세상을 통제하는가》 등이 있다.

사진 출처

35 · R.B. Pope, 1955; USDA Forest Service, Pacific Northwest Region, State and Private Forestry, Forest Health Protection.

43 · Shutterstock.com

69 · Shutterstock.com

78 · Anto Havelaar/Shutterstock.om

114 · © Lu Guang, 2015

126 · Shutterstock.com

150 · IgorGolovniov/Shutterstock.com

185 · Bart Sadowski/Shutterstock.com

207 · © Vladimir Lammer, 1968

존엄하게 산다는 것

모멸의 시대를 건너는 인간다운 삶의 원칙

초판 1쇄   2019년 5월 17일
초판 14쇄   2023년 11월 6일

지은이 | 게랄트 휘터
정리 | 울리 하우저
옮긴이 | 박여명

발행인 | 문태진
본부장 | 서금선

기획편집팀 | 한성수 임은선 임선아 허문선 최지인 이준환 이보람 송현경 이은지 유진영 장서원 원지연
마케팅팀 | 김동준 이재성 박병국 문무현 김윤희 김은지 이지현 조용환
디자인팀 | 김현철 손성규   저작권팀 | 정선주
경영지원팀 | 노강희 윤현성 정헌준 조샘 서희은 조희연 김기현
강연팀 | 장진항 조은빛 강유정 신유리 김수연

펴낸곳 | ㈜인플루엔셜
출판신고 | 2012년 5월 18일 제300-2012-1043호
주소 | (06619) 서울특별시 서초구 서초대로 398 BnK디지털타워 11층
전화 | 02)720-1034(기획편집) 02)720-1024(마케팅) 02)720-1042(강연섭외)
팩스 | 02)720-1043   전자우편 | books@influential.co.kr
홈페이지 | www.influential.co.kr

한국어판 출판권 ⓒ ㈜인플루엔셜, 2019
ISBN 979-11-89995-07-2 (03100)

수학책에 쏟아진 유례없는 환호!
세계적인 수학자 김민형 교수의 옥스퍼드대학교 명강의

2018년 YES24 올해의 책 후보
〈매일경제〉 2019년을 여는 책 50 선정
〈경향신문〉 선정 올해의 저자 10 · JTBC 〈차이나는 클라스〉 출연

인간의 사고 능력과 우주에 대한 탐구를
현대 수학으로 풀어낸 7개의 강의

수학이 필요한 순간
인간은 얼마나 깊게 생각할 수 있는가

김민형 지음 | 15,800원

"수학이 필요한 순간이 따로 있을까? 학문의 궁극적 목표가 우주와 인간의 관계를 밝히는 것이라면 수학이 필
요 없는 순간이란 없다. 만일 내가 고등학생 때 이 책을 읽을 수 있었다면 '수포자'가 되지 않았을 텐데."

―최재천(생물학자, 이화여자대학교 석좌교수)

치열하게 말고,
효율적으로 고민합시다!

정신과 의사 하지현이 알려주는
인생이 잘 풀리는 고민 해결 공식!

**일상의 작은 고민부터 삶의 중요한 결정까지
최신 뇌과학과 심리학으로 해결하는 22가지 고민해결법**

고민이 고민입니다
일상의 고민을 절반으로 줄이는 뇌과학과 심리학의 힘

하지현 지음 | 15,800원

저자 하지현은 고민에 빠진 인간의 마음을 정교하게 해부하는 정신과 의사다. 우리가 깊은 고민에 빠져 걱정하고 불안해할 때, 우리 뇌에서 무슨 일이 벌어지는지 낱낱이 폭로하고, 그것의 생채기를 포착해 정신의학자로서 통찰력 넘치는 조언을 한다. 불안과 우울, 불확실성이 넘쳐나는 시대, 독자들은 이 책에서 값싼 위로를 넘어 자존감을 지켜내는 든든한 감정의 방파제를 선물처럼 얻게 될 것이다. **—정재승(뇌과학자, 《열두 발자국》 저자)**